債權追償及
債務清償
實務教範

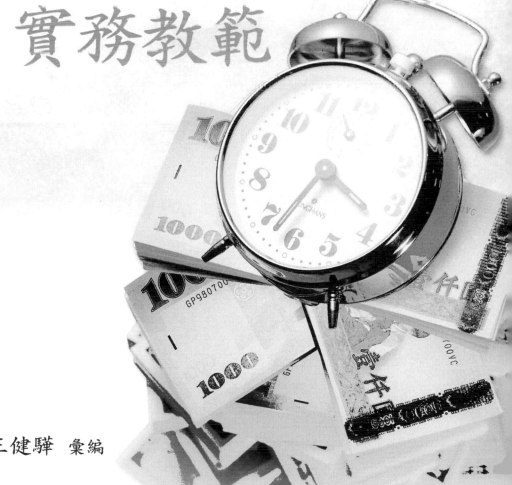

王健驊 彙編

序

綜合序文

　　法律是為了保護懂法律的人。然而，在債權人不了解法律債權有時間限制規定的情況下，常常因為使用的方法不對，不僅錢要不回來，反衍生出許多法律與程序上不必要之紛擾！

　　在整體經濟快速發展的今天，兩岸關係的銳變與國內政經局勢的不安定下，債權確保與債務清償之觀念和方法，也必須跟著有所調整，才能夠掌握各種變化下，適切良好的處理方式。而於債權確保及債務清償下，「策略整合協商與談判」是比較符合現代社會整體演變下的需求；也就是能找到債權、債務人雙方的利基點，而以最小的成本，發揮最大的效益。本債權確保及債務清償實務管理教範彙編之目的，乃在提供一般債權人就其債權之確保與追償，及債務人對其債務清償之程序等，在現實狀況就實務運作時之參考。

　　中華亞太法商策略整合協會理事長王健驊先生，其《債權追償及債務清償實務教範》之彙編，分別就危機管理於現行社會趨勢下，針對潛在危機之預防與處理做一精要之闡述；另就債權確保下之債權憑證、債務擔保、債權追償下合法之程序；與債權清償下之調解、和解等協商與談判之運用；以及於不法壓迫下債務追償之防禦等，均有實用與程序性之釋述。該書尤其依據現行相

關法律、法規，並結合實務契約，及法律書狀等實務範例而彙編，實為一本綜合實務管理論述彙編自衛參考工具書。

　　我們一直都生活在人與事的溝通協商，和磨合談判的相互適應模式中。策略協商談判並非僅用於危機處理，而是在日常生活與社交、社群及事業推展上；而優勢卓越的談判能力，將決定事務的成功，也更能讓人際關係架構的更完善，事業經營更穩健，生活更有保障。

　　掌握債權確保及債務清償之關鍵，就在現實趨勢上的協談成敗！就債權債務之協商談判，必須要先能剝離自己之本位，而從對方立場與需求和需要角度，去滿足他們的期望，債權債務之協商談判的成敗，往往都在關鍵決策的一瞬間。

　　就中華亞太法商策略整合協會理事長王健驊先生，其《債權追償及債務清償實務教範》之彙編，係彙集了相關實務與參考範例，其可讀性與實用性價值相當高，相信對債權人與債務人就債權債務之實務處理，會有無形莫大之幫助。

銘傳大學法學院
副教授　**陳明暉**律師

世權專利國際法律事務所
主持律師　**易定芳**

明言法律聯合事務所
主持律師　**陳慶瑞**

序

自序

　　《債權追償及債務清償實務教範》彙編，是一本集結相關法令、法規，及債權債務紛爭實務個案，與司法判例所整合彙編；為一本就「債權確保與債務追償」間，以法律為基底架構，而藉策略整合之協商談判方式，維護自身權益的自衛參考工具書。

　　在彙編此書時，非常感謝銘傳大學法律系教授陳明暉博士(律師)，與中原大學財法系陳櫻琴博士(系主任)的指導；以及台大、政大、東吳法研所易定芳、陳慶瑞、許明桐等律師之輔佐。也非常感謝我的摯友劉志鴻先生、劉秋宏先生的支持與輔佐；及我的工作助理韋小宣，和澳洲 Deakin 大學法學院 Sophia 苡琳、William 政皓同學，與國際社福志工 Crusa 邱佳惠小姐在資料蒐整上之協助與整理，始能圓滿完成這本攸關「債權確保及債務追償」參考工具書之彙編。

　　筆者現擔任社團法人「中華亞太法商策略整合協會」理事長，並為澳洲 cstm 趨勢法商聯合管理諮輔事務所執行長。於美國 OHIO 研習企管，國防大學專研組織整合管理，並於澳洲 CSTM 趨勢策略談判之專研進修；復於台灣大學法律研習班第 12 期，及東吳大學研修研民、刑法；與於淡江大學公關實務班完成修業後；就諸多債權債務爭議個案，深感就法律而言，純以法律之冗長訴

訟，與鉅額裁判費承擔下權益之爭取，已無法再因應詭譎多變之現實需求；而債務人更常因身為弱勢族群，往往在訟爭中缺乏充分之資源與財力，無法對抗自法律訴訟衍伸向生活與經濟之現實，結果往往非但無法爭取到應有之權益，甚至有利於己方之結果亦都不可得。因而，在當事人為謀求其實質有利之必須下，策略整合協商談判結合法律程序訴訟之併同運行，也正是所以彙編《債權追償及債務清償實務教範》這本自衛工具書的最大原因之所在。

《債權追償及債務清償實務教範》的彙編，雖是項艱鉅的工作，但我們並不因此為驕傲，也並不因此而自滿；終歸趨勢的衍伸是廣泛寬遠的；我們仍會再接再勵，為債權債務雙方本於和諧互利下，彙編同類型有關權益維護之實用參考書。

《債權追償及債務清償實務教範》彙編參考引用著作、資料、規範等列敘如下：

一、新保成出版公司～攻略式六法（96 年 03 月版）

二、五南圖書出版公司～訴訟書狀範例（89 年 06 月版）

三、三民書局出版公司～劉宗榮教授著作之民法概要（91 年 08 月版）

四、讀品文化出版社～危機管理譯著（92 年 08 月版）

五、讀品文化出版社～趨勢管理譯著（93 年 01 月版）

六、首席文化出版社～司法新趨勢月刊

七、高點文化事業公司～民、刑法總則（95 年 7 月版）

中華亞太法商策略整合協會

理事長　王健驊　謹

2008 年 12 月 26 日

第一編

危機管理綜論

第一章

看不見的影響力
──趨勢危機的走向

　　台灣在經濟衰退，事業生存發展的振盪中，正有一種炙手可熱的行業靜悄悄的崛起。在現行產銷、管理行業的組織架構中，很難找到她的位置；但在事業週期存續轉折上，她卻能透過真實的分析、解讀，與發展衍伸之走向行研判，並藉執行與談判來逆轉危機，塑建事業永續生存發展的契機。

　　日前澳洲 cstm 法商策略談判師王健驊接受工商時報的訪問；他穿著鐵灰色畢挺的深色西服，水藍色的襯衫，給人一種尊重與權威的專業第一印象，誠如王健驊所說，整齊有力的穿著，代表著不僅是對事務的敬業與尊重，也是自我精神與自信的展現！

　　王健驊告訴記者，一個成功的事業主管，必須要有獨立與積極，及絕不於強勢下妥協的特質。尤其在現實壓力下要有學習抗壓、競爭及追求新知的慾望，一但機會降臨，更要懂得把握機勢。2005 年 7 月他在股東只著重眼前現實利益的短視下，毅然離開了原任總經理職的危機管理公司。在自行籌創公司這一年多的時間裡，他體悟到了人生的挫折，更深切體會到了現實的冷暖。訪談中王健驊振奮的說，人生中的挫折並不可怕，重要的是要能從挫折中重建自己。在這期間，他幾度瀕臨信心崩潰的邊緣；只要遇到小小的挫折、不順遂，就全盤否定了自己；所幸，王健驊並沒

有讓這樣的低潮持續，他強抑地調整心緒情境不斷的檢思，每天工作超過了 12 個小時，藉工作把對現實勢利的淡薄漸漸釋懷，走出了另種積極的情境。2007 年底王健驊在友人協力下，創設了法商策略整合管理聯合事務所，將趨勢危機法商管理談判觀念帶入到企業界，目的是要幫助更多的個人與企業，找到自己真正經營生存與發展的趨勢！

壹、企業運行中，看不見的影響力──趨勢危機

我們一直都生活在人與事的溝通協商，和磨和談判的相互適應模式中。談判並非僅用於危機處理，而是在日常生活與社交、社群及事業推展上；而優勢卓越的談判能力，將決定事務的成功，也更能讓人際關係架構的更完善，事業經營更穩健，生活更有保障。

誠如近年，華航飛機因機件維修、航勤管理等接連發生之飛航危安事件來看，華航人員出面所做之解釋或道歉，只凸顯了閃躲與規避的駝鳥新態，只求新聞報導盡快落幕後不了了之。然，消費大眾得到的片面訊息，不再是飛機機件故障的單一狀況，而是加深了對華航欲蓋彌彰不安全感的負面印象，這也正是許多事業常藉掩蓋、規避，來淡化、逃避問題的一種錯誤處理方式。

我們必須體認，當問題產生時若無法及時出面解決，或不能正面承擔錯誤，與提出因應之道，這種規避問題的駝鳥心態所產生的後果，絕不是任何一個事業在後續上的努力可以挽救回來的。因之，我們必須調整事業本體的認知，亦即將所有單一發生

的事件，都視為一種危機的處理模式。例如十幾年前，統一集團發生的「千面人事件」，當時統一集團馬上召開記者會說明，且大刀闊斧地將所有的飲料下架，並集中於廣場上以壓路機輾過，然後利用傳播媒體拍照及宣傳以示負責；雖然銷售利潤一度下滑4%，但兩週後隨即又回升到 6%，且更超越了原先的銷售業績，這就代表了事業挽回了消費者的認同感；這種因勇於擔當，敢於認錯的事業氣度，所展現出來的適切解決方式，反而提升了事業的形象與利益。

貳、企業趨勢危機之處理，首重關鍵點與時效性的掌控

危機趨勢的預判與應變處理能力，將超越管理及組織的單一思維。在經營環境急速銳變的今日，現代事業只重拼規模、業績與獲利，而忽略了「趨勢隱藏危機」所可能造成的鉅大致命衝擊；甚或在事業主自我專業的堅持與迷思裡，往往因趨勢走向中一個微弱因子的疏忽，與未能預判的衍伸，而造成了重大的傷害，甚而瓦解了這個事業體！

一、趨勢危機處置與管理，不再是階層的高低，而是第一線接觸者的責任；換言之，也就是尊重及培訓各階層級，在其職權內之應變能力。

二、真正的危機應變是在第一線的直接面對上，這實已取代了層層級職管理階層的執行；危機應變思維的興起，更將是事業生存的基本；因為企業賴以存續的，已不再是所有權與管控權，而是發生在第一線危機應變的開始。

三、現在組織中的管理層所面臨的最大挑戰，應是如何地放權與接受第一線的指揮（或應稱為意見俱申）。我們必須了解，專業與現實的發揮必須是連貫一致的，因之在擁有現在位置的職階權力者，並不代表能運用在變遷的未來；故，除自身的學習外，更需能接受第一線的意見。

參、預判及預防危機發生的可能

危機何時會發生，是我們無法及時與精確掌握的；但卻是我們能依事件趨勢的走向，能加以預判及預防的。危機一旦發生後，突顯的並不是危機事件的本身，而是「危機應變處理」的過程，及所「預期」的結果。

一、一種新的管理形式，必將在趨勢演進中掌控主導，也就是在企業生存發展的架構體制下之運行外，一旦危機發生時，則是最先接觸者來做初期的指揮，以求先穩定事態的「擴張與衍生」，繼之才是由管理階層就企業整體做全盤的思維後，再交回第一線來執行與推動。

二、能拋棄階級觀念才能有效創新！革新憑藉的是什麼？不再是資本的雄厚；也不再是階層的高低與權力的大小，更不是神來之筆……而是在有效系統內的規範，才能在面對危機的應變中，不因專業或職級的高低而有所顧忌，也才能把握住革新與應變的契機。

肆、趨勢危機談判思維之塑建

危機發生時的應變與處理，必須要有「全盤性」及「衍伸性」的考量，更要加以預判其可能的演變及趨勢的走向，並掌握住有效主動處理的時效，方能化解危機帶來的衝擊，進而捕捉創造有力的趨勢，至而扭轉危機為轉機。

一、掌握關鍵問題之所在

在事件發生後，通常必然是橫生枝節及混沌不清的。此時主事者必先以冷靜之思維，了解全盤狀況及發生之始末，掌控住關鍵之核心問題，進而以此為題思擬出因應做為，與危機應變之步驟和程序；而非只憑單方面自身之主觀觀點加以論斷，方不致反造成以小失大的遺憾。

二、善用樹狀思維方式，掌握事件之演變

力求將危機事件導向單純化，切忌因短視而衍生出其它與不必要之枝節，造成危機事件的擴大或另個危機的發生。

三、研擬構思完整適切之處理方案

依上述思維及掌握之核心關鍵，預判處理過程中可能衍生之變化，並研擬相關之解決方案，以主導危機事件整體的發展走向

而加以預防；切忌因慌亂或只見主題脈動，而忽略了枝節的演變衝撞。

四、主事者須有直接面對危機，方能解決危機的認知

危機的發生，通常是在無預警的狀況下衍生而來。若主事者不願或不能正視問題之所在，或欲盡速解決而粉飾太平，如此並不能真正排除當下，與未來可能潛在之危機點；故，只有在危機發生的第一時間，提出全盤考量後的直接回應方案，方能結束一場自身事業或雙方皆敗的局面。

伍、檢視一下，您的事業是否站在趨勢的前端

危機事件的發生，不僅是問題的浮現，更是在檢核協調處理問題的應變能力。若能在對立的雙方中，找出彼此都可「認同的平衡點」與解決方式，如此不僅化解了不必要的爭執，與可能所將引發的負面評價，也才是趨勢危機談判的最終目的。

一、事業若只有需求的滿足，亦即只知道迎合消費者，創造他們需要的東西，則必被市場淘汰；因而，必須能在需求上做到替消費者創造及教育的目的，方能帶動與引導消費者的情緒。

二、趨勢危機管理的定義，是把無法量化的危機應變理念，必須先由第一線員工著手，與企業主或管理階層在上的覺醒，將整合與策略法則放在企業的架構裡，變成員工

工作運行的本能思考與快速分析，讓企業或運作者的效率倍增。

三、人才決定了事業的現在與未來。如果你希望消費者快樂的話，就要找一些快樂的員工來帶動；如果你希望事業充滿偉大構想的話，那就得尋找積極有前瞻果敢意識的員工，這才是成功事業應重視的課題。

綜論，未來事業於社會中之發展，必將是「趨勢危機衍伸」管控的社會，管理已不再是管事業的產值，而是在核心策略改變下，避免事業危機的發生（預防），與危機發生後的處置（應變）。

澳洲 cstm 趨勢危機策略談判法商管理事務所

執行長　**王健驊**

（本文摘錄自《中原大學商法學院期刊》）

第
二
章

管理的持恆性
──來自趨勢的需求

　　隨著企業全球化的腳步愈來愈快，緊跟著是問題與企業經濟秩序的全球化；未來企業面對的發展趨勢，不僅是企業本體生產市場的競爭，更是趨勢風險潛藏的危機所在。澳洲 cstm 趨勢危機管理台灣區執行長王健驊表示，強調創造與掌控商機的趨勢危機管理，也就在此一時空背景下蘊育而生，同時也是許多中小企業邁向國際市場的決勝關鍵。

　　日前舉行的世界貿易組織 WTO 部長會議破裂，而 WTO 是台灣唯一參加的政府間全球經貿組織，未來是否會對台灣更為不利！在世界貿易法第一屆亞太區域會議後，訪談到澳洲 cstm 趨勢危機管理策略談判國際事務所執行長王健驊，就其提出「趨勢危機管理」的精闢見解，或許可提供讀者另一思考的途徑（註／cstm: Crisis Solution Law & Business Tendency Strategy Management）。

　　在企業全球化的趨勢裡，緊跟著的即是問題的全球化。從關貿總協（GATT）到世界貿易組織（WTO），都是種比較利益下的概念基礎。但衍生到企業經濟秩序的全球化時，卻往往忽略了生態、文化、法律……等層面的思考與風險管理預判；也就是說，未來企業面對的發展趨勢，不僅是企業本體生產市場的競爭，也

更是趨勢風險危機的潛在隱藏。這也意謂著純以法律為架構的訴訟程序，已無法再因應未來全球詭譎多變的企業環境；而企業推展下的國際商事法，在全球化的腳步下，業主如何因應與預防！

　　例如理律國際法律事務所李念祖大律師，在次訪中舉的實例：澳洲古克尼集團（Gutnick）與美國道瓊（Dow Jone）的法律訴訟案，古克尼認為：道瓊在美國發佈的報導，對他的事業是種傷害，於是在澳洲對道瓊提出了法律訴訟。但澳洲法院受理後，是用澳洲法律標準來判定這企業有無損害？還是用美國法律標準來判定？或用其它的標準呢？若用澳洲標準，會不會迫使美國基於在美國境內，消費者利益考量而聲援道瓊，進而造成國與國之間的外交經貿衝突、或抵制呢？或逼迫道瓊必需尋求最普及之傳媒輿論型態之法律訴訟，藉群眾輿論公平判決來做為判斷評定的標竿呢？結果並非是企業全球化單方面的思維，而是全盤性的影響與牽動，這正是趨勢危機商法談判，適時取代法律的保守呆板，也就是將對抗轉化成融合，管制衍生到合作的最佳危機處理模式與方向。

　　趨勢危機管理基本定義，簡單說，就是種發展的定位及經營策略的運用。也就是說，策略上不是要與眾不同、標新立異才是取勝；而是在企業體上，能符合市場的需求與需要的平行推展手段，而讓自己能立於不敗之地。當然，這最基本的就在企業體能否信任（放心），以求重塑市場基本需要，而應有的必然選擇。趨勢危機管理，並不是一門精奧的學問，更不是遠離現實的理論課程，而是為解決所處環境地位下，實際問題的一種應變方法與方向。趨勢管理包含了對事業體本身的體質、架構、目標、須求與需要，及在趨勢運行下的必然構思發展，和市場利基點的界定，及商品與服務的市場通路的定位、組合等。就好比電影劇本一樣，

必須是要具有完整性，與具有思考步驟，和程序性的。趨勢危機管理的基本概念：

一、認清事業本體的最終目標在哪裡？

必須了解及掌握企業本身的需求及市場的需要，也就是在環境轉變的潮流裡，消費市場所期望和關聯性的需求是什麼。產品的研發與專利的擁有，不光是靠智慧與知識本位的努力就可以的，而是必須整合在發展策略與行銷通路的最終目的，以求能獲高利與持久永續的生存。也就是說，企業或事業上若只定位於研發創新上，那倒不如到任何一家有財力資源的企業去任職，專注在研發上，還能少了經營事業體所將有的壓力與責任。

二、掌握事業本體在趨勢上的成敗關鍵

必須剝離自己，而從消費市場（別人）的需求角度，去滿足他們的需要。一個企業或事業的成敗，往往都在關鍵決策的一瞬間。未來開創的運行中，都會有許多的挫折和失敗，但必須正視。一旦跌倒後，我們必須能夠馬上站起來，因為往往當我們受挫跌倒的那一刻，已離成功不遠了。

三、企業本體結構在管理上應有的策略區隔

沒有一個人是專業到無可取代，或全能的。我們必須瞭解到趨勢是在時空中，不斷銳變運行的。也就是產品、技術及市場，

絕大部分是企業無法所主導的。與其耗時在研發技術，等待市場或等待事業成敗，不如從客戶需求群中找尋問題、找尋技術與通路的配合。由趨勢做為事業本體發展的思考方向，如此才能讓公司的根基永續。國際貨幣基金會（IMF）在 2003 年上半年發表研究報告，將台灣與德國、日本、香港並列於通貨緊縮高度危險地區。而台灣企業目前所面臨的危機是什麼？政府經濟部與行政院主計處的消費物價指數年增率，也由 2000 年的 1.3 降到了 2003 年的 0.1，都已警訊地指出，長期性、全面性的物價下跌，民眾因預期心理而減少消費，進而影響了企業生產及銷售活動，也造成失業率的持續攀高，更使整體經濟已陷入持續衰退的情況。

趨勢危機管理如何協助解決台灣企業目前所面臨的危機？企業領導者與決策者一旦出手，就必須能有勝券在握的企業整合能力。我們必須體認到，在趨勢快速變動的外在環境裡，趨勢危機管理的價值就在創造與掌控商機。企業中高階層主管，普遍存在的問題是本位觀念、自主性強，只關心自己（職務、職掌）的勢力，而忽略了能為市場與客戶所創造的價值。例如日本汽車工業為何能輕易地打敗美國三大汽車製造商？就在於他們洞悉了，在趨勢演變下，價值是由市場客戶所界定的，並隨著時空的推展，必須以高品質低價位的產品，提供消費者的需要，才使其汽車工業能橫掃歐美市場，至今屹立不搖。

現在暢銷書《What Management》作者馬格瑞塔（Joan Magretta），提到管理理論叢林論，也就是現今許多有關管理階層產生「知道管理的重要及好處，但卻不知道如何著手改造與管理」的心境與窘境。而趨勢危機管理就是提供一個前瞻性與階段性的

評估，結合可預判的實質及不可見的未來發展，將以整合在有貫連性與關聯性的行動裡。

　　在企業實際運作中，應重視的趨勢危機管理模式，就是分階段及區塊的整合預防，鎖定目標的決策與快速是全集中在企業主（Owner CEO 擁有者）掌握了主控權及時機的利基點。也就是說一個企業體的觀念轉變，牽動著整體公司上下的重新配合與運作是不容易的，但卻是必須的生存發展趨勢走向。例如竹科某以流程檢測軟體研發公司，在其事業本體上，是以研發為主體的智慧型事業體；但其若不能自我開拓市場通路，與掌握商品於市場的優勢，則必將被主體企業所控制，甚而被合併至泡沫；換句話說，產品的研發來自於市場的需要（主體企業所須求）。而此產品之擁有權，不僅在關鍵剎那間難以認定，也將在趨勢銳變的剎那間被取代。例如韓國 LG 家電，是種商品的品牌專利，但進入台灣市場不到二年光景，，卻為通路體系，如燦坤、泰一、家樂福等通路商控管了市場價位，而失去了產品品牌的專利優勢。當時 LG 正逢週年慶，其韓國總經理專程來台參予慶祝活動，提出 42 吋電漿電視的批發價 14.9 萬促銷，但三天後，通路廠商燦坤率先發起 LG 電漿電視特賣價 9.9 萬促銷。這就是掌控市場通路的主體事業，強勢轉變了產品品牌專利的優勢，也印證了趨勢銳變中，品牌的專利不敵通路管銷的實際效應。

　　自趨勢危機管理的角度言，強調科技研發為主的台灣企業，未來在趨勢時空實際衝擊下應有的定位在那？我想事業体不應再視研發成果之商品為優勢的絕對。科技的研發製成，在時空的必然趨勢下，不會有絕對不墜無可取代的地位。也就是說，不再自擁於單一研發製成的驕傲裡，應保有觀察趨勢運轉下，可超越與

取代的創新。例如現以 IC LVDS 晶片（用於顯示器及筆記型電腦的信號處理）設計為主體的旭展電子科技公司，其原以生產 SRAM 產品市佔率超過 40%，是台灣出貨量最多的業者。在半導體景氣暢旺年代，旭展電子科技公司設計完成當時一組能賣到 20 美元的 SRAM，卻因產能滿載無法如期出貨（趨勢未加掌控的風險預判）；等量產時，價格已跌到 1/4。在旭展電子科技公司決定 SRAM 退出市場時，價格更跌破到 2 美元。

　　現今企業僵化的組織管理及工作管理模式，已無法應付內在與外在的多變所需。而趨勢危機管理的精髓，就在於我們必須能深切地了解到，管理的永恆性，來自趨勢的需求上。也就是確保企業運行不中斷，分散掌控企業風險，倍增企業產品競爭力的前提下，讓企業能擺脫實質資源、時間、空間及預判外力干涉的能力，並大幅提昇與增加員工之工作效率。趨勢危機管理所追求的，不在於本身理論架構的如何完整，或其模式和制度是如何的嚴謹，而是在如何適應與順應外在環境條件的需求與需要上。也就是在事實與實際上的變化和效果，而不是理論和邏輯上的合不合理。

澳洲 cstm 趨勢危機策略談判法商管理事務所

執行長　　王健驊

（本文摘錄自《時報周刊》〈趨勢危機管理策略談判論述〉）

第二編

債權確保與追償

債之意義

　　法律上所稱之「債」係為廣泛統稱之意，而非單純僅指借貸形成之債。因之，欲了解債之意義，首須確認「債之形成」是否係法律事實發生債之原因所而形成。例如，民法債權編中論述之各種之債；如買賣、租賃、借貸、僱傭、承攬、委任、運送、保證等，緣於法律下之契約訂定、無因管理、不當得利，及侵權行為等「債」所衍生之關係。而該等「債」所衍生之法律關係，其事實之功能與構成要件雖各有不同，然其構成債之屬性，乃在其法律效果之相同性。換言之，即該等不同法律事實，但在形式上均產生相同的法律效果；也就是一方當事人得向他方當事人，請求「特定行為」之「給付」；此種特定人間得請求特定行為之法律關係，也就為「債權」與「債務」之關係。

壹、權利之概念

　　關於權利之意義，乃為法律所賦予特定人而能享受並受保護之利益的一種法的力量。簡言之，權利本體為法律上之利益，而該力量所實現之利益，則為權利之內容，亦為法律所保護之利

益，簡稱為「法益」。民法中之權利計有債權、物權與人身權（即人格權與身分權）。民法上權利之作用，通說為：有請求權、抗辯權、形成權及支配權等，其雖稱之為權，究其實質並非權利，而係一種權能，即權利產生之作用，僅因學理上之方便，而稱其為權。

貳、債權之性質

　　財產權可分為物權及債權，欲分析「債權」之性質，最好是對照物權來加以比較，那麼首需了解物權之意義。所謂「物權」，乃權利人可以直接支配、管領權利標的物，而可對抗一般人之權利。物權採「物權法定主義」，依民法 757 條：物權，除本法或其他法律有規定外，不得創設。例如民法物權編所規定的所有權、地役權、抵押權、質權以及留置權等。一個物權之客體，應以一物為原則，此乃因物權在於支配其物，享受其利益，為使法律關係明確，便於公示，以保護交易安全，故我國民法採取「一物一權主義」。然而債權得自由創設，債權只要不違背公序良俗及禁止規定，債權關係內容原則上得由當事人自由訂定。茲就債權與物權性質之差異分析如下：

一、債權為請求權，物權為支配權

　　債權以請求債務人之特定之行為為其內容；物權以就物享受一定之利益或直接支配其物為內容。換言之，債權為「請求權」；

物權則為「支配權」。物權是直接管領物的權利，以能夠滿足吾人生活需要的物質為對象；債權則為交換或分配此物質的法律關係。至於兩者之區別，可概括如下：債權為特定債權人得向特定債務人請求給付的法律關係，其性質為相對性、平等性、無排他性且無追及性。至於「請求權」係得要求他人行為或不行為之權能；「支配權」係指直接對其客體予以作用，並排除他人干涉的權利。債權並不賦予債權人對債務人給付行為的支配，債權也不是對給付標的物的支配，故，債權乃是一種請求權而非支配權。

二、債權平等與物權之排他性

物權有絕對性及排他性，債權則無。物權有排他性，故同一客體之上不容有互不相容之權利二個以上同時存在，如有二個物權競合，則以時之先後，定其優劣。例如第一順位抵押權，優先於第二順位抵押權而受清償。反之，債權無排他性，故數人對於同一債務人，不妨同時有同一內容之債權，並不因其成立之先後，而有優劣之異。依破產法 139 條，當債務人破產時，債權不論其發生先後，均依比例參加分配。

三、物權有追及權，債權則無

為物權客體之物，無論被任何人占有，權利人得基於物權之請求權，追及其所在，請求返還。反之，為債權之標的物，於所有權移轉以前轉入債務人以外之第三人時，債權人對於該標的物，不得主張任何權利。

四、物權與債權之競合

　　就同一物，如物權與債權同時併存時，物權之效力優先於債權。但法律為權利保護之必要，對於特種債權，亦有時賦予物權的效力。例如依民法 425 條，租賃物縱有移轉，租賃關係對於受讓人，仍繼續存在。此即所謂「買賣不破租賃原則」，旨在維持租賃契約之安定性及保障承租人之權益，亦即租賃契約（債權）具有物權的效力。

參、債權之物權化，與物權之債權化

　　債權與物權之本質上固有如上之差異。但時至今日，因資本主義發達之結果，以致二者漸有互相轉化，而消除其對立之傾向，此即所謂「物權債權化」與「債權物權化」。

　　一、就所有權言之，典型之物權係所有權人直接支配其標的物，而從事使用及收益為主，但於資本主義經濟體制下，所有權之內容乃漸次分裂：或將所有物之交換價值，以擔保之形態，而歸屬於擔保債權人（如工廠抵押於銀行而借入資金）；或將所有物之使用價值，以租賃之形態，歸屬於承租人（如屋主將房屋租與他人使用），所有權人不過將由擔保債權人所借入之資金，或由承租人所收取之租金，作為物權之利益，以享受之而已。可見從前係以對物直接支配為內容之所有權，如今則變為供擔保或供使用之對價請求權矣（此時所有權已成為虛

有權）。所有權既變為對價請求權，而此種請求權又屬
於債權形態，故學者謂為「物權之債權化」。

二、就債權不僅奪佔所有權之內容，而使之虛有權化，且從
另一方面觀之，則債權已有代替物權，而營其對物直接
支配作用之趨勢。例如不動產承租人之租賃權，本係一
債權，但實際言之，不僅得直接支配其標的物，而近世
各國法例，且可以之對抗第三人。前面所述我國民法 425
條有關「買賣不破租賃原則」之規定，承租人之租賃權
不因原標的物之買賣而受影響。可見其已超越債權之固
有的機能範圍以外，而營物權之作用矣，此種情形學者
稱為「債權之物權化」。此時租賃雖為債權，但有物權
的效力。

第四章

策略整合協商與談判

　　法律為保護懂法律的人。然而，在債權人不了解法律債權因有時間限制的規定，常常因為使用的方法不對，錢要不回來反衍生出許多法律與程序上不必要之紛擾！

　　在整體經濟快速發展的今天，兩岸關係銳變與國內政經局勢不安定下，債權確保與債務清償之觀念與方法，也必須跟著有所調整，才能夠掌握各種變化下，適切良好的處理方式。而於債權確保及債務清償下，「策略整合協商與談判」是比較符合現代社會整體演變下的需求；也就是能找到債權債務人雙方的利基點，而以最小的成本，發揮最大的效益。本債權確保及債務清償實務管理教範彙編之目的，乃在提供一般債權人就其債權之確保與追償，及債務人對其債務清償之程序等，在現實狀況就實務運行時之參考。

　　事業或個人的發展與累積，是否能觀察到未來可能的變化與演進完全在主事者的眼界與魄力；能對現實環境快速變遷下在自由經濟法則中，誰將掌握得越清楚、快速，就能將個人資源與事業，發展得越長久愈茁壯。而趨勢策略整合管理，是個人生涯與事業發展衍伸的思維，與行動運行的基砥，更是附加價值的攫取

和掌握。以趨勢法商策略談判之新觀念，構建商務網層之鋪陳，以開創趨勢必然之新機能市場。

　　商業行為所衍生之爭端，事業主必然有多方性之考量與思慮；當委任行債權債務整合協商時，其所訴求的是如何解決麻煩，絕非另增困擾；因而，就必須在思索全面推動之策略，與預判趨勢可能演變下後方行處理；因之，就交代與委任之事務，就得思量全般、懇切提出建言⋯⋯，而非急於當下迎合事業主所說的（事主當下之情緒、氣氛、緣由、過程⋯⋯並非是我們所能了解的）；若冒然依事業主所說的去做，或並沒解決事主的麻煩，反更增或擴大了困擾和危機。所以，據實的分析擬定策略後，提出該有的回報和建議，要比照指令而動來的具体實在，也才表示在現今社會轉變趨勢裡，若自束於間，反予對方為藉口，更把自己綁住了（須知債權債務人雙方，代各有其社會關係，反會自陷困境更增麻煩⋯⋯）。

　　協商與談判有個非常重要的策略，就是創造談判的機勢，再使對方必須走向談判。談判機勢就是將問題浮現檯面，引起第三者介入，然後從中借力使力，促成談判的形成。而談判機勢的形成，就在如何運用時間，及如何解決問題為關鍵；惟，我們也必須確認，既成事實就是增加談判形成的籌碼，但同樣的也承負有增大衝突對立的風險。

■ 解決爭端策略整合假設案例：

當事人甲小姐經營食品批發，其與乙先生所經營的商店間有多筆買賣往來紀錄。初時，乙先生繳款一切正常，然對於近來幾筆鉅額貨款，漸漸開始有欠繳的跡象。甲小姐驚覺到事有蹊蹺，前去乙先生的商店瞭解現況。發現乙先生將其從甲小姐處的大量進貨，迅速轉賣求現，而事後乙先生人也不知去向。

此件案例是社會上常見的買賣爭議。買受人先以小筆買進，並且正常繳款，取得出賣人之信任。之後再一次或多次大筆叫貨，等貨物到手，便立刻轉賣求現。等到出賣人發現支票跳票，或是拿不到貨款時，買受人早就跑不見人影。

此時，最重要的是找出債務人在哪裡，及其財產有哪些與在哪裡？這種尋人任務對於沒有公權力的平民百姓來講，是件超級任務。（債務人可能早就不在原住、居所；電話不是不接，就是變成空號）；尋求法律途徑便成為解決問題的合法、有效之方式。然，當事人一但提起民事訴訟後，就可以向戶政事務所調閱債務人的戶籍謄本，作為送達的處所。若符合刑法規定，則可以以詐欺罪嫌向地檢署提出告訴，以檢警的力量揪出債務人。惟此，並非萬靈丹，當事人也可尋求律師的專業協助，來判斷應採取何種手段；然，若濫行告訴，卻有可能吃上誣告罪之官司。

打官司是一種解決爭端的途徑，但進入法院不一定對當事人最為有利。當事人不僅要支付律師費用、裁判費用，更要耗費許多時間與心神，快則半年，長可達十多年的訴訟過程；所以一位好的律師應該站在當事人的立場，考量採取最佳的解決爭端策略。上述案

例，經檢察官偵查終結後，認為乙先生明知自己沒有支付能力，卻大量向甲小姐進貨，之後又逃避不繳清貨款，具有詐欺罪嫌而提起公訴。此時，當事人可以採取的方式有於刑事程序中附帶請求民事賠償，或是另外提起民事訴訟；但是也可考量庭外和解，使當事人能最快取回貨款的方式。因為進入訴訟期間難保債務人不會趁機脫產，縱使請求法院查封債務人的財產，也必須等到勝訴後才能拿到錢；再者，刑事勝訴也只是贏得一個面子而已，對於收回貨款不見得有實質上的幫助。基於上訴考量，應協助甲小姐與乙先生達成和解，先拿回一部分現金，其餘貨款考量乙先生經濟能力，而以分期攤還方式圓滿解決此一糾紛。

第五章

債權追償催告
──存證信函

壹、就民事或刑事之訴訟與裁判

　　法院均依「證據」，藉以認定當事人間之孰是孰非？抑不論民事或刑事訴訟，以文書「書證」做為證據之重要性。

貳、郵局存證信函

　　其性質與公證法施行細則第 52 條信函認證之作用相同，存證信函係作為通知催告及保全證據之用。

參、證據

　　攸關當事人權益之利害關係，存證信函一般言之已為證據之一。存證信函之製作內容應力求簡潔、扼要、表明利害關係並符合法律要件。

肆、存證信函表格

郵局存證信函用紙

正 副本																				

寄件人　姓名：　地址：
收件人　姓名：　地址：
郵局　存證信函第　　號
副　本　姓名：　地址：

行 格	1	2	3	4	5	6	7	8	9	10	11	12	13	14	15	16	17	18	19	20
一																				
二																				
三																				
四																				
五																				
六																				
七																				
八																				
九																				
十																				

本存證信函共　　頁，正本　　份，存證費　　元，
　　　　　　副本　　份，存證費　　元，
　　　　　　附件　　張，存證費　　元，
　　　　　　加具副本　　份，存證費　　元，合計　　元。

經　　　　郵局
年　月　日證明正副本內容完全相同　郵戳　經辦員主管　印

黏　貼

郵票或郵資券處

備註
一、存證信函需送交郵局辦理證明手續後始有效，自交寄之日起由郵局保存之副本，於三年期滿後銷燬之。
二、在　頁　行第　格下塗改增刪　字　印（如有修改應填註本欄並蓋用寄件人印章，但塗改增刪每頁至多不得逾二十字。）
三、每件一式三份，用不脫色筆或打字機複寫，或書寫後複印、影印，每格限書一字，色澤明顯、字跡端正。

騎縫郵戳　　騎縫郵戳

伍、存證信函範例

郵局存證信函用紙

副正本			一、寄件人：	姓名：○○○ 地址：○○市○○路○○號○樓																	印
		郵局	二、收件人：	姓名： 地址：																	
	存證信函第　　　號		三、副　本：	姓名： 地址：																	

行\格	1	2	3	4	5	6	7	8	9	10	11	12	13	14	15	16	17	18	19	20
一	敬	啟	者	：																
二			茲	爰	代	債	權	人	○	○	○	小	姐	，	轉	達	其	意	旨	如
三	下	，	常	此	合	先	敘	明	！											
四	一	、	就	台	端	於	○	年	○	月	起	以	公	司	須	周	轉	之	名	義
五	，		開	立	商	業	本	票	並	由	○	○	○	先	生	親	簽	背	書	
六	，		向	本	人	調	借	現	金	計	新	台	幣	：	○	佰	○	拾	○	
七			萬	壹	仟	零	伍	十	元	整	～	（	如	附	件	）	。			
八	二	、	然	於	屆	兌	期	限	，	台	端	竟	不	履	約	為	清	償	，	更
九			避	不	見	面	，	蓄	意	拖	欠	迄	今	；	實	不	見	清	償	之
十			誠	意	，	更	已	顯	有	共	同	詐	欺	刑	事	犯	罪	之	實	。

本存證信函共　　頁，正本　　份，存證費　　元， 　　　　　　　　副本　　份，存證費　　元， 　　　　　　　　附件　　張，存證費　　元， 　　　　　　　　加具副本　份，存證費　元，合計　元。 　　經　　　　郵局 　　年　月　日證明正／副本內容完全相同　郵戳　經辦員／主管　印	黏　　貼 郵票或 郵資券 處

備註	一、存證信函需送交郵局辦理證明手續後始有效，自交寄之日起由郵局保存之副本，於三年期滿後銷燬之。
	二、在　頁　行第　格下　塗改／增刪　字　印　（如有修改應填註本欄並蓋用寄件人印章，但塗改增刪）每頁至多不得逾二十字。
	三、每件一式三份，用不脫色筆或打字機複寫，或書寫後複印、影印，每格限書一字，色澤明顯、字跡端正。

騎縫郵戳　　　　騎縫郵戳

郵局存證信函用紙

副正本	郵局存證信函第　　號	一、寄件人：	姓名： 地址：	印
		二、收件人：	姓名： 地址：	
		三、副本收件人：	姓名： 詳細地址：	

格\行	1	2	3	4	5	6	7	8	9	10	11	12	13	14	15	16	17	18	19	20
一	三	、	茲	顧	念	朋	友	情	誼	，	依	法	寄	發	本	存	證	信	函	，
二		盼	台	端	於	函	到	五	日	內	限	期	清	償	，	否	除	依	保	
三		全	程	序	就	台	端	與	○	○	○	先	生	，	聲	請	假	扣	押	
四		、	假	處	份	之	強	制	執	行	處	份	外	，	並	依	刑	事	詐	
五		欺	之	犯	罪	依	法	訴	究	，	期	勿	自	觸	律	法	為	禱	！	
六																				
七																				
八																				
九																				
十																				

本存證信函共　　頁，正本　　份，存證費　　元，
　　　　　　　　副本　　份，存證費　　元，
　　　　　　　　附件　　張，存證費　　元，
　　　　　　　　加具副本　　份，存證費　　元，合計　　元。

經　　　郵局
年　月　日證明正副本內容完全相同　　郵戳　　經辦員
　　　　　　　　　　　　　　　　　　　　　主管　印

黏　　貼

郵票或郵資券

處

備註

一、存證信函需送交郵局辦理證明手續後始有效，自交寄之日起由郵局保存之副本，於三年期滿後銷燬之。

二、在　頁　行第　格下塗改增刪　字　印（如有修改應填註本欄並蓋用寄件人印章，但塗改增刪）每頁至多不得逾二十字。

三、每件一式三份，用不脫色筆或打字機複寫，或書寫後複印、影印每格限書一字，色澤明顯、字跡端正。

騎縫郵戳　　　　騎縫郵戳

第八章

債權確保督促程序
──支付命令聲請

　　督促程序為特別訴訟之程序。督促程序乃以請求給付金錢，或其他代替物，或有價證券之一定數量為標的。債權人得於督促程序下，逕向管轄法院提出支付命令之聲請。支付命令許可之發給與否，管轄法院得依債權人主張為基礎，並得不需債權舉證與不經言詞辯論，向債務人發附條件之支付命令。

壹、督促程序之釋義

一、督促程序乃以請求給付金錢，或其他代替物，或有價證券之一定數量為標的。

二、督促程序為特別訴訟之程序；得不經言詞辯論，依債權人主張為基礎，向債務人發附條件之支付命運。

三、債權人在督促程序主張之事實，毋庸舉證，其有無債權憑證，與應否許可發給支付命令無關（61 台抗 407 號判例）。

四、債務人不於一定期限內提出異議，支付命令即與確定判決有同一效力。

貳、支付命令之效力

一、支付命令確定判決效力，除當事人外，對於訴訟繫屬後為當事人之繼受人者，及為當事人或其繼受人占有請求之標的物者，亦有效力。對於為他人而為原告或被告者之確定判決，對於該他人亦有效力。

二、債務人對於支付命令之全部或一部，得於送達後 20 日之不變期間內，不附理由向發命令之法院提出異議。債務人不於一定期限內提出異議，該支付命令即與確定判決有同一效力。

參、支付命令聲請程序

依民事訴訟法第 234 條規定：支付命令裁定審理得不經言詞辯論為之。裁定前不行言詞辯論者，除別有規定外，得命關係人以書狀或言詞為陳述。故，支付命令之聲請應表明事項：

一、當事人及法定代理人。

二、請求之標的及其數量。

三、請求之原因事實。

四、其有對待給付者，已履行之情形。

五、應發支付命令之陳述。

六、管轄法院之確定。

肆、督促程序聲請費用

督促程序聲請費用之徵收，依民事訴訟法第 77-20 條規定；因財產權事件聲請調解，其標的之金額或價額：

一、未滿新台幣十萬元者免徵聲請費。

二、於十萬元以上未滿一百萬元者，徵收一千元。

三、於一百萬元以上未滿五百萬元者，徵收二千元。

四、於五百萬元以上未滿一千萬元者，徵收三千元。

五、於一千萬元以上者，徵收五千元。

六、非因財產權而聲請調解者免徵聲請費。調解不成立後 30 日內起訴者，當事人應繳之裁判費，得以其所繳調解之聲請費扣抵之。

伍、法條爰引參考

一、民事訴訟法第 1 條規定

訴訟由被告住所地之法院管轄。訴之原因事實發生於被告居所地者，亦得由其居所地之法院管轄。

二、民事訴訟法第 515 條條規定

發支付命令後三個月內，不能送達於債務人者，該支付命令失其效力。

三、民事訴訟法第 512 條規定

　　法院應不訊問債務人，就支付命令之聲請為裁定。

四、民事訴訟法第 516 條規定

　　債務人對於支付命令之全部或一部，得於送達後 20 日之不變期間內，不附理由向發命令之法院提出異議。

陸、假設案例

　　某甲為居住於××××社區之區分所有權人。惟，其自××年××月起迄今，即不斷藉故拖延拒繳管理費迄今，已長達近一年半之久。此，經該社區管委會會議決議，除依法寄發存證信函催告後，卻仍未獲甲善意之回應。故，乃依督促程序依法向管轄之法院，提出支付命令之聲請，以確保及追償回該債權。

柒、判例爰引參考

　　61 台抗 407 號判例；債權人在督促程序主張之事實，毋庸舉證，其有無債權憑證，與應否許可發給支付命令無關。

捌、支付命令聲請範例

支付命令聲請狀

聲　請　人：□□□□社區管委會

（即債權人）代表人○○○　　　○○縣○○鎮○○路○○號○○樓

相　對　人：○○○　　　　　　○○縣○○鎮○○路○○號○○樓

（即債務人）

為依督促程序，聲請核發支付命令事！

請求標的：

一、相對人（即債務人）○○○應給付清償予聲請人（即債權人）
　　□□□□社區管委會，計新台幣計×××××元整。並自××
　　年××月起至清償日止，按法定利率 5%計算利息之。

二、支付命令程序費用，由相對人（即債權人）負擔。

請求原因：

　　依民法第 199 條：債權人基於債之關係，得向債務人請求給付
之規定；就相對人（即債權人）應繳交給付之社區管理費，蓄意拖
延，拒不履行繳交之義務，今準民事訴訟法第 511、512、514 條之規
定，依法提出支付命令之聲請。

應發支付命令之陳述：

一、緣相對人（即債務人）○○○係□□□□社區管委會分所有權
　　人；其不動產座落於○○縣○○鎮○○路○○號○○樓。經聲

　　請人於此期程不斷電話催促，並經存證信函等法定程序之催告
　　後，相對人仍蓄意拖延不見繳交～附證二：存證信函。
二、查相對人自××年××月起迄今，就其應繳交給付之社區管理
　　費，蓄意拖延，拒不履行繳交之義務～附證一：應繳管理費
　　計算表。

　　綜上所陳，爰依民事訴訟法第 508、511、512 條之規定，並準民
法第 220、222 條要義，債務人就其故意或過失之行為應負責任；並
就其過失之責任，不得預先免除。懇請鈞院，准依督促程序發予支
付命令，祈維權益，實感德便！

附證一：應繳交給付之管理費算表
附證二：存證信函

　　　謹　　　狀

臺灣□□地方法院　民事庭　公鑒

　　　　　中華民國×××年××月××日

　　　　　　　　　　具狀人：□□□□社區管委會
　　　　　　　　　　主任委員○○○

第七章

債權追償保全程序
──假扣押與假處分

　　時下經常可見，於發生債權債務的時候，債權人向債務人催討時在法律尚未判決之前，債務人將名下所有的動產與不動產，以買賣或贈與的方式進行脫產；此時，債權人縱然在法律上提起撤銷訴權，或提起確認之訴，都必須經過繁瑣而冗長的訴訟程序；然而債權人又常常因無法提出債務人脫產之有力事實證據，以致很難獲得法院之認同，或給予勝訴之判決。因此，債權人為避免經過冗長又費時的訴訟過程，同時又能保障日後官司勝訴，能有機會拿回自己的財務或其他之賠償，就必須先研判，是否應該先向法院提出聲請「假扣押」，或「假處分」之行為；一但經法院裁定後，債務人之財產（尤其不動產）就立即受到買賣或贈與之處分限制，債務人就無法脫產，債權人如果官司勝訴，也才有機會對債務人進行強制執行，以收回其債權。

壹、假扣押與假處分釋義

　　假扣押與假處分都是屬於保全程序，主要是看債權人請求之目的不同而有所區分，但是他的性質及效力是一樣的。

一、假扣押釋義

　　假扣押就是指債權人對債務人，在金錢或是其他財務上要求在官司勝訴時，保有請法院實施強制執行之權力，以期拿回自己原來損失之財務（有可能是金錢也可能是物品）。假扣押主要是在防止債權債務人兩造在對薄公堂時對發生糾紛之財物，以保持現狀的方式，暫停交易或其他之變動，假扣押就是以保障特定物品在官司結案前不會改變，保障勝訴的一方有機會拿到該有的東西。

二、假處分釋義

　　假處分是指債權人就金錢請求以外之請求，希望在法院執行時，或者是爭執之法律關係（如公司經營權之爭）在沒有法律判決前有必要保持現狀，因此可以聲請假處分。假處分主要是維持法律關係之現狀，避免在事件沒有結果之前法律關係發生變化，以免法律關係因時間而演變更複雜，也就是排除將來權利實行之障礙。

貳、實施假扣押或假處分之條件與時機

　　債權人如對債務人取得有執行名義後，在對債務人進行強制執行時，如果發現債務人為逃避損失，在債權人實行強制執行之前，就將其所有的財產設定抵押給第三人，以規避被處分時，債

權人在行使撤銷訴權起訴之前，應先行對該第三人具狀提出聲請，並請法院裁定對該第三人實施假扣押或假處分，債權人並且無立即實施執行假處分查封，以防止該第三人又將該不動產另行過戶予之他人，並防止該抵押權人逕將該抵押物聲請拍賣，造成法律關係複雜化，致難以處理。

　　一、釋明，請求假扣押或假處分之原因。

　　二、釋明，債權人對債務人有債權存在之事實。

　　三、釋明，債務人有脫產之意圖及可能，則一旦讓債務人脫產，債權人之債權就有難以收回之虞。

　　四、債權人如對債務人借貸款之清償期尚未屆至者，如認債務人有脫產之虞時，亦得聲請法院裁定實施假扣押。

　　五、釋明如有不足得提供擔保代替。實務上法院裁定准予債權人對債務人實施假扣押或假處分，通常均命債權人提供其請求債權金額之三分之一，為擔保金以供擔保後始得實施。

參、實施假扣押或假處分應注意事項

　　債權人要對債務人實施假扣押或假處分前，首先應向法院提出聲請裁定之聲請狀，待法院裁定判決後再依裁定，對債務人實施假扣押或假處分之查封：

　　一、假扣押裁定後，法院會對債權人要求在一定期間內必須起訴，債權人如果不在法院規定期限內起訴，債務人可

　　以聲請要求發布假扣押之法院，撤銷假扣押之裁定（民事訴訟法第 529 條）。

二、債權人對債務人實施假扣押時必須向法院提存一筆擔保金，應於該項事件結束後，盡速依民事訴訟法第 104 條各項所定程序，聲請准予領回擔保金（依提存法第 16 條 2 項之規定，該提存擔保金於供擔原因消滅後，五年內未聲請領回者，該擔保金屬於國庫）。

三、債權人聲請法院裁定後，對債務人實施假扣押，如果該假扣押之實施，因債權人自開始提出申請時就不正確因而遭法院撤銷，或者債權人沒有遵法院規定限期起訴時，以致法院撤銷假扣押之裁定者，則依民事訴訟法第 531 條之規定，債權人應賠償債務人因假扣押，或供擔保所受之損害。

肆、假扣押或假處分之限制

　　請求未到履行期將來給付之訴，以有預為請求之必要者為限，得提起之。非有日後不能強制執行或甚難執行之虞者，不得為之。應在外國為強制執行者，視為有日後甚難執行之虞。

伍、假扣押及假處分聲請程序

　　假扣押假及假處分之聲請，應表明下列各款事項：

一、當事人及法定代理人。

二、請求及其原因事實。

三、假扣押或假處分之原因。

四、管轄法院。

請求非關於一定金額者，應記載其價額。

依假扣押或假處份之標的所在地定法院管轄者，應記載假扣押或假處份之標的及其所在地。

陸、假扣押或假處份裁定

就假扣押或假處份聲請之裁定，得為抗告。抗告法院為裁定前，應使債權人及債務人有陳述意見之機會。抗告法院認抗告有理由者，應自為裁定。准許假扣押或假處份之裁定，如經抗告者，在駁回假扣押或假處分聲請裁定確定前，已實施之假扣押或假處分執行程序，不受影響。

柒、撤消假扣押——債權人賠償責任

一、假扣押裁定因自始不當而撤銷，或因第 529 條第四項及第 530 條第三項之規定而撤銷者，債權人應賠償債務人因假扣押或供擔保所受之損害。

二、假扣押所保全之請求已起訴者，法院於第一審言詞辯論終結前，應依債務人之聲明，於本案判決內命債權人為

前項之賠償。債務人未聲明者，應告以得為聲明。依民訴法第 538-3 條：

定暫時狀態之裁定因第 531 條之事由被撤銷，而應負損害賠償責任者，如聲請人證明其無過失時，法院得視情形減輕或免除其賠償責任。

捌、暫時狀態之假處份

一、依民訴法於爭執之法律關係，為防止發生重大之損害或避免急迫之危險或有其他相類之情形而有必要時，得聲請為定暫時狀態之分。

二、法院為前項裁定前，應使兩造當事人有陳述之機會。但法院認為不適當者，不在此限。

三、法院為前條裁定前，於認有必要時，得依聲請以裁定先為一定之緊急處置，其處置之有效期間不得逾 7 日。期滿前得聲請延長之，但延長期間不得逾 3 日。

四、前項期間屆滿前，法院以裁定駁回定暫時狀態處分之聲請者，其先為之處置當然失其效力；其經裁定許為定暫時狀態，而其內容與先為之處置相異時，其相異之處置失其效力。

玖、法條爰引參考

一、民事訴訟法第 522 條

債權人就金錢請求或得易為金錢請求之請求，欲保全強制執行者得聲請假扣押，前項聲請，就未到履行其之請求，亦得為之。

二、民事訴訟法第 529 條

本案尚未繫屬者，命假扣押之法院應依債務人聲請，命債權人於一定期間內起訴，債權人不於前項期間內起訴者，債務人得聲請命假扣押之法院撤銷假扣押裁定。

三、民事訴訟法第 531 條

假扣押裁定，因自始不當而撤銷，或因第 529 條第 2 項，及第 530 條第 3 項之規定而撤銷者，債權人應賠償債務人因假扣押或供擔保所受之損害。

四、民事訴訟法第 532 條

假處分係指債權人就金錢請求以外之請求，欲保全強制執行者，或於爭執之法律關係有定暫時狀態之必要者，得聲請假處分。

五、強制執行法第 33 條

對於已開始實施強制之債務人財產，他債權人不得再聲請強制執行，有再聲請強制執行者，視為參與分配之聲明。

拾、假設案例

一、最高法院判例要旨：50.11.30 日台抗字第 284 號

強制執行程序中關於不動產之拍賣，其性質與因訴訟結果而為交付標的物之執行迴異，如該項拍賣之不動產為第三人所占有，除該第三人係為債務人而占有，或於實施查封後始行占有，應受點交命令之拘束者外，即非強制執行程序中所稱之債務人，執行法院尚難依強制執行法第九十九條定，強使騰交該物與買受人或債權人。

二、判例要旨（最高法院判例）：22.01.01 日上字第 546 號

不動產經查封後，債務人將其所有權移轉於第三人者，其移轉行為對於債權人固不生效力，若其移轉行為係在查封之前，則雖在債權人聲請強制執行之後，亦惟其行為為雙方通謀所為之虛偽意思表示，或有其他之無效原因始為無效。其僅民法第二百四十四條所謂有害於債權人之行為者，在債權人其為債權人聲請強制執行後之行為，即認為無效。

拾壹、判例爰引參考

一、17 台抗 267 號判例；假扣押之決定雖然容許債權人或債務人為抗告，但第三人如主張假扣押之標的物為自己所有者，僅可以提起異議（不同意）之訴，而對於假扣押之裁定，不許以抗告逕求其撤銷變更。

二、63 台抗 142 號判例；擔保金係備供債務人因假處分所受損害之賠償；其數額應依標的物受假處分後，債務人不能利用或處分該標的物所受之損害額，或因供擔保所受之損害額定之，非以標的物之價值為依據。

拾貳、假扣押與假處分狀範例

見 48 頁。

強制執行聲請狀

聲　請　人：□□□□社區管委會

（即債權人）代表人○○○　　　○○縣○○鎮○○路○○號○○樓

相　對　人：○○○　　　　　○○縣○○鎮○○路○○號○○樓

（即債務人）

為就強制執行，依法提陳聲請事！

壹、執行名義：

　　依台灣□□地方法院××年××月××日，××年度小上字第

×××號，民事判決及確定證明辦理～如附証一。

貳、執行標的金額：共計 NT$×××××元整。

　　一、社區公共基金（管理費）新台幣×××××元（車位清潔費）

　　　　新台幣××××元共計 NT$×××××元整。

　　二、自××、××月起至清償日止，按年息 5%計算利息。

　　三、取得執行名義之程序費用××××元整。

叁、執行標的物所在地：

　　債務人○○○所有，坐落於○○縣○○鎮○○路○○號○○樓

之不動產，地籍騰本～如附証二。

肆、聲請理由：

　　一、準，台灣□□地方法院××年××月××日，××年度×字

　　　　第××××號民事判決，諭知債務人○○○應給付債權人社

　　　　區管理費，計新台幣×××××元（累計至××年××月），

並自××年××月起至清償日止之法定 5%利息，且應負擔本件訴訟費用之全部在案可稽（如附證）。

二、詎料債務人○○○迭經催討（社區監委等委員親予溝通），迄今仍拒清償分文，顯無償還之誠意，更視律法於無物，為保聲請人之權益爰依強制執行法第 4、6 條之規定，茲檢呈該判決正本，狀請鈞處鑒核，賜准對債權人財產實施強制執行！

伍、附證：

一、民事判決及確定證明。

二、債務人不動產地籍謄本。

謹　　狀

臺灣□□地方法院　民事庭　公鑒

中華民國×××年××月××日

具狀人：□□□□社區管委會

主任委員○○○

第八章

債權追償假債權之排除

　　強制執行法規定，債務人的財產雖被債權人聲請強制執行，但若有其他債權人聲請強制執行時，則視為「參與分配」之聲明。所以，債務人經常在其財產將被債權人聲請強制執行前，為能達到其規避債務和脫產之目的，常常藉製造假的不實債權參與債權的分配。而，債權人經過艱辛催償及法律程序後，最後得到的卻是假債權參與分配下的有限債權；此令債權人不只要承受訴訟的疲累，更必須耗支律師訴訟費和法院裁判費的支付，真的是鬱卒氣忿外，也只能感歎無奈……！在這種情況下，債權人不必氣餒和灰心；應聯合其他實際債權人合力蒐證，排除與阻止假債權參與債權的分配。

壹、聲明異議及異議之訴提起

　　債權人如果要排除債務人所製造之假債權，並阻止假債權參與分配，就必須先依據強制執行法第 39 條的規定，向執行法院提出書狀聲明異議；並同時向法院民事庭提起異議之訴。

　　債權人在提出書狀時，應將債務人及假債權人同列為被告；聲明請求法院判決假債權人對債務人債權之不存在，並請求法院判決刪除假債權人，請求參與分配之分配款。

貳、異議之蒐證及證據掌握

　　債權人訴請判決確認債務人，其所虛偽製造之假債權不存在，則首重在證據資料之掌握。

一、查證債權人資金之來路，債權人是否有此資力。

二、債權人可請求法院，查證債務人資金詳確之往來。

三、債權人亦可向法院提出主張確認不存在之訴；此訴係屬消極確認之訴，舉證責任變換為主張有債權存在之被告，負舉證責任。

四、尚債權人獲勝訴之判決，確認該債權人所製造之假債權不存在，即得據該確定之判決，請求執行法院更正分配表，重行分配。

參、法條爰引參考

一、強制執行法第 33 條

　　對於已開始實施強制執行之債務人財產，他債權人不得再聲請強制執行，有再聲請強制執行者，視為參與分配之聲明。

二、強制執行法第 34 條

有執行名義之債權人，聲明參與分配時，提出該執行名義之證明文件。無執行名義之債權人聲明參與分配時，應提出其債權之證明，並釋明債務人無他財產足供清償。執行處接受前項聲明後，應通知各債權人及債務人，命於三日內為是否承諾聲明人參與之回答。

三、強制執行法第 39 條

債權人對於分配表之計算及分配之次序，有何不同意者，應於分配日前，向執行法院提出書狀聲明異議。

肆、判例爰引參考

一、司法院 30 年院予第 2269 號解釋

事實為法律關係發生之特別要件者，在消極確認之訴，應由被告就其存在負舉證責任，在其他之訴，應由原告就其存在負舉證責任。

二、最高法院 42 年台上字號第 170 號判例

確認法律關係不存在之訴，如被告主張其法律關係存在時，應由被告負舉證責任。

債權確保抵押權之設定

　　抵押權就是債務人或第三人不移轉占有而供擔保之不動產，得就其價金受清償之權。換言之，抵押權乃就債務人或第三人不動產之設定，以為擔保債權人之債權為目的；債務人於清償期屆不為清償者，債權人得聲請法院以裁定取得執行名義，拍賣抵押標的物，以其價金優先受清償。

壹、抵押權之特性

　　抵押權為債權之擔保，從屬於債權而存在，故有其從屬性；抵押權擔保全部債權，不因抵押物或債權分割而受影響；抵押權亦不得由債權分離而為讓與，或為其他債權之擔保，固有其不可分性。

一、從屬權利之隨同消滅

　　債之關係消滅者，其債權之擔保及其他從屬之權利，亦同時消滅。

二、抵押物不可分性

(一) 抵押之不動產如經分割，或讓與其一部，或擔保一債權之數不動產而以其一讓與他人者，其抵押權不因此而受影響。

(二) 以抵押權擔保之債權，如經分割或讓與其一部者，其抵押權不因此而受影響。前項規定，於債務分割或承擔其一部時適用之。

貳、抵押權之取得

抵押權之取得，分為抵押權設定及抵押權連同債權一併讓與兩種：

一、抵押權設定：

不動產物權，依法律行為而取得設定、喪失、及變更者，非經登記，不生效力。

二、抵押權連同擔保之債權一併讓與。

參、抵押權之效力與範圍

一、抵押權擔保之債權範圍：

抵押權所擔保者為原債權、利息、遲延利息、違約金及實行抵押權之費用。但契約另有約定者，不在此限。

二、抵押權之效力，及於抵押物之從物與從權利。第三人於
　　抵押權設定前，就從物取得之權利，不受前項規定之影
　　響。以建築物為抵押者，其附加於該建築物而不具獨立
　　性之部分，亦為抵押權效力所及。但其附加部分為獨立
　　之物，如係於抵押權設定後附加者，準用第八百七十七
　　條之規定。

肆、抵押權對抵押人之效力

一、抵押權之順位
　　　　不動產所有人，因擔保數債權，就同一不動產，設
　　定數抵押權者，其次序依登記之先後定之。
二、不動產所有人設定抵押權後，於同一不動產上，得設定
　　地上權或其他以使用收益為目的之物權，或成立租賃關
　　係。但其抵押權不因此而受影響。前項情形，抵押權人
　　實行抵押權受有影響者，法院得除去該權利或終止該租
　　賃關係後拍賣之。
三、不動產所有人設定抵押權後，得將不動產讓與他人。但
　　其抵押權不因此而受影響。抵押權人，於債權已屆清償
　　期，而未受清償者，得聲請法院，拍賣抵押物，就其賣
　　得價金而受清償。

伍、抵押權對抵押權人之效力

一、抵押人之行為，足使抵押物之價值減少者，抵押權人得請求停止其行為。如有急迫之情事，抵押權人得自為必要之保全處分。因前項請求或處分所生之費用，由抵押人負擔。其受償次序優先於各抵押權所擔保之債權。

二、抵押物之價值因可歸責於抵押人之事由致減少時，抵押權人得定相當期限，請求抵押人回復抵押物之原狀，或提出與減少價額相當之擔保。抵押人不於前項所定期限內，履行抵押權人之請求時，抵押權人得定相當期限請求債務人提出與減少價額相當之擔保。屆期不提出者，抵押權人得請求清償其債權。

三、抵押人為債務人時，抵押權人得不再為前項請求，逕行請求清償其債權。抵押物之價值因不可歸責於抵押人之事由致減少者，抵押權人僅於抵押人因此所受利益之限度內，請求提出擔保。

陸、抵押權之處份與施行

一、抵押權為擔保物權，抵押權人得將抵押權與該抵押權所擔保之債權一併讓與第三人；亦可設定質權予第三人；或將抵押權拋棄。（但不論設定或質權，或拋棄均應經登記始生效力）

二、抵押權之施行：

(一) 拍賣

　　　抵押權人，於債權已屆清償期，而未受清償者，得聲請法院，拍賣抵押物，就其賣得價金而受清償（抵押權人聲請拍賣抵押物事件，由拍賣物所在地法院管轄。拍賣之抵押物，如為未經辦理繼承登記之不動產，執行法院應囑託地政機關辦理繼承登記後拍賣之）。

(二) 強制執行

　　　強制執行依確定之終局判決；假扣押、假處分、假執行之裁判；民事訴訟法成立之和解或調解；經法院為許可強制執行之裁定……等執行名義之。

(三) 抵押權人取得抵押物所有權。

(四) 抵押權人與抵押人得共覓洽買主，以其價金充作清償。

柒、抵押權之消滅

一、主債權消滅

　　抵押權為從權利，其所擔保之債權消滅時，抵押權亦隨之消滅。

二、除斥期間屆滿而消滅

抵押權擔保之債權,其請求權已因時效而消滅,如抵押權人於消滅時效完成後,五年間不實行其抵押權者,其抵押權消滅。

三、抵押權之實行

抵押權人一但實行其抵押,無論其債權已否全部受清償其抵押權悉歸於消滅。

捌、抵押物之滅失

一、抵押權除法律另有規定外,因抵押物滅失而消滅。但抵押人因滅失得受賠償或其他利益者,不在此限。抵押權人對於前項抵押人所得行使之賠償或其他請求權有權利質權,其次序與原抵押權同。給付義務人因故意或重大過失向抵押人為給付者,對於抵押權人不生效力。抵押物因毀損而得受之賠償或其他利益,準用前項之規定。

二、動產質權,因質物滅失而消滅。但出質人因滅失得受賠償或其他利益者,不在此限。質權人對於前項出質人所得行使之賠償或其他請求權仍有質權,其次序與原質權同。給付義務人因故意或重大過失向出質人為給付者,對於質權人不生效力。前項情形,質權人得請求出質人

交付其給付物或提存其給付之金錢。質物因毀損而得受之賠償或其他利益，準用前項之規定。

玖、判例與案例參考

一、案號：85 年台上字第 2065 號

二、判例要旨

所謂最高限額抵押權者，乃為預定抵押物應擔保債權之最高限額所設定之抵押權。如所預定擔保之債權非僅限於本金，而登記為本金最高限額新台幣若干元，其約定利息、遲延利息及約定擔保範圍內之違約金，固為抵押權效力之所及，但仍受最高限額之限制，故其約定利息、遲延利息及違約金連同本金合併計算，如超過該限額者，其超過部分即無優先受償之權。

三、案例（本案例摘錄於 96.07.05 前最高法院檢察署葉雪鵬主任檢察官撰稿）

居住在新店市的魏奶奶，三年前老伴離她而去以後，終日蝸居在老伴留下的小公寓裡，靠著也是老伴留下的一筆四百多萬元存款的銀行利息，省吃儉用，過著清苦的孤寂生活。就在上個月，這平淡無奇的生活竟然起了漣漪，家住臺北市平日忙於自己工作，甚少對長輩寒喧問暖的黃姓姪兒突然拎了一袋水果前來探望她，讓魏奶奶受寵若驚，覺得自己又再受到親人的重視。只是談著談著，姪兒話中透露出極度關懷魏奶奶在銀行中的

存款狀況。後來看到魏奶奶針對他的提問只是支支吾吾，沒有明確的回應，便單刀直入指目前銀行的定存利率太低，只有年息百分之二左右，靠這些微薄的利息收入，怎能生活下去！魏奶奶聽了只有苦笑說：「大環境如此，也是沒有辦法的事情，年紀大了，除了靠利息過苦日子以外，又能做什麼？」黃姓姪兒便乘機說：「這就得想辦法啊！如果向銀行提出二百萬借給他，他可以保證每月給付二萬元的利息，光憑這一點，就可以改善目前的艱苦生活。」魏奶奶年紀雖然一大把，腦筋卻沒有什麼鈍化，笑笑說：「你的辦法好是好，只是怕利息沒有拿到手，本金也跟著沒有了！到時候要我老太婆去喝西北風嗎？」口才便給的黃姓姪兒，聽老姑媽這麼說，便堆下笑臉說：「我怎麼會刻意害您老人家？我會提供現在價值一千五百萬元的住家房屋設定抵押權給您，還不出錢來您可以拍賣房屋來抵償，保證萬無一失。」魏奶奶沈吟半晌，徐徐地說：「你買房子的時候，不是已經向銀行抵押借過錢嗎？」她姪兒聽到精明的姑母這麼說，不敢說沒有這回事，只說那是多年以前的事，目前已經還了差不多的話帶過。雙方的對話，就在魏奶奶「還要仔細考慮！考慮！」聲中結束。

　　魏奶奶的姪兒，為了要向魏奶奶借錢，對她表達願意付出比銀行定存利率高出很多的利息，還提供自住的房屋，為她設定抵押權供作擔保。這對靠著微薄的銀行定存利息過日子的人來說，該是一個天大的好消息，應該欣然接受才對，為什麼魏奶奶還欲迎還拒，沒有馬上

答應下來，還要思考再思考。這就是魏奶奶老謀深算的地方，因為縱然有不動產設定抵押權作擔保，借出去的錢，有時也會求償無門，血本無歸。

我們通常所提到的抵押權，法律上的依據，便是民法第 860 條所規定的普通抵押權。抵押權的最大特色，是抵押權人在債務人或者抵押人違反契約約定的時候，可以把抵押人提供擔保的不動產實施拍賣，就拍賣所得的價金優先受償。由於抵押權是民法物權編所規定的不動產擔保物權，依民法第 758 條的規定，抵押權內容的設定，都要向不動產所在地的地政事務所辦理登記。否則就不生抵押權設定的效力。在申請登記之前，要依民法第 760 條訂立書面契約，登記機關才會受理。至於抵押權擔保的範圍，原先民法第 861 條規定，是原債權、利息、遲延利息及實行抵押權之費用。但契約另有訂定者，不在此限。民國 96 年 3 月 28 日經總統公布，並預定在公布後六個月施行的民法物權編擔保物權部分條文修正案，也修正了本條規定。原法條改列為修正法條第一項，並將「違約金」列為擔保範圍。另增列了第二項，規定：「得優先受償的利息、遲延利息、一年或不及一年定期給付之違約金債權，以於抵押權人實行抵押權聲請強制執行前五年內發生及於強制執行程序中發生者為限。」就這修正法條來看，已登記的抵押權，如果沒有及時行使權利，也會因為時間的經過，而使一些利息、違約金等具有時效性的收益，被排除在抵押權保障範圍之外。不要以為有了抵押權的登記，契約上約

定的權利，都可以高枕無憂。另外，依民法第 865 條的規定：「不動產所有人，因擔保數債權，就同一不動產，設定數抵押權者，其次序依登記之先後定之。」如果不動產上已經設有抵押權的登記，其他債權人還願意借錢給債務人，債務人也願意提供已設定抵押權的不動產再設定抵押權，但是，所設定的抵押權登記，位次是在前抵押權之後，便成為第二順序的抵押權，也就是民間所稱的「二胎」，「二胎」的權利與第一位次的抵押權相較，差異可就大了，必須要等到第一次序的抵押權人行使抵押權的權利滿足以後，才可以接著行使。如果位次在前的抵押權人行使抵押權之後，抵押物已無剩餘價值，第二胎的抵押權人就什麼都拿不到，設定的抵押權還被一併塗銷。所以，魏奶奶問她的姪兒房屋以前有沒有設定抵押權，是借錢給人很重要的一句關鍵話。除此之外，不動產有沒有設定抵押權，不動產的登記簿謄本上都有記載，看一看最近的登記簿謄本，也是保障自己權利最有效的作法！

侵權損害賠償

壹、侵權行為成立要件

一、經有積極或消極之加害行為，因而造成有損害之發生。

二、行為須為有違背法律法規，及公序良俗之不法。

三、須為權利或利益受侵害。

四、加害行為須為故意或過失，與其受之損害需有因果
關係。

貳、侵權行為之種類

一、獨立侵權行為之責任

因故意或過失，不法侵害他人之權利者，負損害賠償責任。
故意以背於善良風俗之方法，加損害於他人者亦同。違反保護他
人之法律，致生損害於他人者，負賠償責任。但能證明其行為無
過失者，不在此限。

二、共同侵權行為責任

數人共同不法侵害他人之權利者，連帶負損害賠償責任；不能知其中孰為加害人者，亦同。造意人及幫助人，視為共同行為人。

三、公務員之侵權責任

公務員因故意違背對於第三人應執行之職務，致第三人受損害者，負賠償責任。其因過失者，以被害人不能依他項方法受賠償時為限，負其責任。前項情形，如被害人得依法律上之救濟方法，除去其損害，而因故意或過失不為之者，公務員不負賠償責任。

參、侵權損害賠償範圍

一、慰撫金：
　　(一) 被害人之父、母、子、女、配偶，雖非財產上之損害，亦得請求相當金額之慰撫金。
　　(二) 被害人因喪失或減少勞動能力，或增加生活上需要，加害人因負損害賠償責任。
　　(三) 因不法侵害他人之身體、健康、名譽、信用、隱私，或不法侵害他人人格法益情節重大者，被害人雖非財產上之損害，亦得請求賠償相當之金額。
二、其名譽被侵害者，並得請求回復名譽之適當處分。

肆、損害賠償請求時效

一、因侵權行為所發生之損害賠償請求權：
　　(一) 自請求權人知有損害及賠償義務人時起，二年間不行
　　　　使而消滅。
　　(二) 自有侵權行為時起，逾十年不行使而消滅。
二、侵權行為發生之同時，若加害人因之受有利益而符合不
　　當得利之要件時，則發生侵權行為與不當得利請求權競
　　合之情形，此時侵權行為或時效已完成，但被害人仍得
　　依不當得利請求權而為請求。
三、就債務履行之拒絕，倘因侵權行為對於被害人取得債權
　　者，被害人對該債權之廢止請求權，雖因時效而消滅，
　　仍得拒絕履行。

伍、侵權行為之責任

一、僱用人之責任

　　受僱人因執行職務，不法侵害他人之權利者，由僱用人與行
為人連帶負損害賠償責任。但選任受僱人及監督其職務之執行，
已盡相當之注意或縱加以相當之注意而仍不免發生損害者，僱用
人不負賠償責任。如被害人依前項但書之規定，不能受損害賠償
時，法院因其聲請，得斟酌僱用人與被害人之經濟狀況，令僱用

人為全部或一部之損害賠償。僱用人賠償損害時，對於為侵權行為之受僱人，有求償權。

二、定作人之責任

承攬人因執行承攬事項，不法侵害他人之權利者，定作人不負損害賠償責任。但定作人於定作或指示有過失者，不在此限。

三、工作物所有人之責任

土地上之建築物或其他工作物所致他人權利之損害，由工作物之所有人負賠償責任。但其對於設置或保管並無欠缺，或損害非因設置或保管有欠缺，或於防止損害之發生，已盡相當之注意者，不在此限。前項損害之發生，如別有應負責任之人時，賠償損害之所有人，對於該應負責者，有求償權。

四、商品製造人之責任

商品製造人因其商品之通常使用或消費所致他人之損害，負賠償責任。但其對於商品之生產、製造或加工、設計並無欠缺或其損害非因該項欠缺所致或於防止損害之發生，已盡相當之注意者，不在此限。前項所稱商品製造人，謂商品之生產、製造、加工業者。其在商品上附加標章或其他文字、符號，足以表彰係其自己所生產、製造、加工者，視為商品製造人。商品之生產、製

造或加工、設計，與其說明書或廣告內容不符者，視為有欠缺。
商品輸入業者，應與商品製造人負同一之責任。

五、動力車輛駕駛人之責任

　　汽車、機車或其他非依軌道行駛之動力車輛，在使用中加損
害於他人者，駕駛人應賠償因此所生之損害。但於防止損害之發
生，已盡相當之注意者，不在此限。

陸、爰引法條

一、民法第 192 條（侵害生命權之損害賠償）

　　不法侵害他人致死者，對於支出醫療及增加生活上需要之費
用或殯葬費之人，亦應負損害賠償責任。被害人對於第三人負有
法定扶養義務者，加害人對於該第三人亦應負損害賠償責任。

二、民法第 193 條（侵害身體健康之財產上損害賠償）

　　不法侵害他人之身體或健康者，對於被害人因此喪失或減少
勞動能力或增加生活上之需要時，應負損害賠償責任。前項損害
賠償，法院得因當事人之聲請，定為支付定期金。但須命加害人
提出擔保。

三、民法第 194 條（侵害生命權之非財產上損害賠償）

不法侵害他人致死者，被害人之父、母、子、女及配偶，雖非財產上之損害，亦得請求賠償相當之金額。

四、民法第 195 條（侵害身體健康名譽或自由之非財產上損害賠償）

不法侵害他人之身體、健康、名譽、自由、信用、隱私、貞操，或不法侵害其他人格法益而情節重大者，被害人雖非財產上之損害，亦得請求賠償相當之金額。其名譽被侵害者，並得請求回復名譽之適當處分。前項請求權，不得讓與或繼承。但以金額賠償之請求權已依契約承諾，或已起訴者，不在此限。

前二項規定，於不法侵害他人基於父、母、子、女或配偶關係之身分法益而情節重大者，準用之。

柒、判例爰引參考

判　　例：

裁判字號：台上字第 3653 號

裁判日期：民國 58 年 12 月 05 日

資料來源：最高法院判例要旨（上冊）第 29、1068 頁

相關法條：民法第 75 條、民事訴訟法第 380 條

要　旨：

　　上訴人提出之證明書，雖證明被上訴人於五十四年間曾患有精神病症，但不能證明被上訴人於和解時，係無意識或有精神錯亂之情形，且被上訴人又未受禁治產之宣告，難認和解有無效之原因。

案　例：

　　有一個老太太因精神耗弱，常常出狀況，一天她突然到建設公司訂一戶預售屋，之後他根本忘了這件事。建設公司依約要求老太太賠償，老太太的家人以其精神耗弱，訴請契約無效而加以拒絕。

一、行為人的家屬是否曾經至法院宣告行為人為禁治產人。

二、如果未經法院宣告，法律仍視同為有行為能力之人，是需負擔其侵權之損害賠償責任，而就算是經由法院宣告無行為能力者，也必須視其當時之所為是否具有識別能力，而由其法定代理人負責部分或全部侵權賠償！

三、民法第 187 條（法定代理人之責任）規定無行為能力人或限制行為能力人，不法侵害他人之權利者，以行為時有識別能力為限，與其法定代理人連帶負損害賠償責任。行為時無識別能力者，由其法定代理人負損害賠償責任。

　　如不能依前二項規定受損害賠償時，法院因被害人之聲請，得斟酌行為人及其法定代理人與被害人之經濟狀況，令行為人或其法定代理人為全部或一部之損害賠償。前項規定，於其他之人，在無意識或精神錯亂中所為之行為致第三人受損害時，準用之。

前項情形，法定代理人如其監督並未疏懈，或縱加以相當之監督，而仍不免發生損害者，不負賠償責任。

※※※

最高法院判例：57 年台上字第 1663 號

案由摘要：損害賠償

要　　旨：

民法第 188 條第 1 項所謂受僱人，並非僅限於僱傭契約所稱之受僱人，凡客觀上被他人使用為之服務勞務而受其監督者均係受僱人。

上　訴　人 ○○○

訴訟代理人 ○○○ 律師

被 上 訴 人 ○○○

主　　文：

原判決關於駁回上訴人請求被上訴人○○○連帶賠償，及車資×××××元暨命上訴人負擔訴訟費用部分廢，發回台灣高等法院。其他上訴駁回。

理　　由：

一、關於×××部分：

本件原審認被上訴人○○○不應負連帶賠償責任，係以被上訴人○○○為○○○之學徒，並非受僱人，上訴人不能援引民法第 188 條第 1 項規定請求○○○賠償云云為據論。第查所謂受僱人，並非僅限於僱傭契約所稱之受僱人，凡事實上被他人使用為之服勞務而

　　　　受其監督者，均係受僱人。○○○既為○○○使用為之
　　　　服勞務，並受其監督，參以○○○係為○○○之顧客○
　　　　○○修理耕耘機，駕車不慎而肇車禍，及○○○於車禍
　　　　發生後，亦表示願予賠償（見刑事卷宗第三十一頁，原
　　　　審卷第四十頁）各情，能否謂其非○○○之受僱人，尚
　　　　非毫無審究餘地，上訴人此部分上訴，應認為有理由。
二、關於車資部分：

　　　　　本件原審駁回上訴人請求被上訴人賠償之車資，係
　　　　以上訴人支出之車資，並非療傷所必需云云為論據。第
　　　　查上訴人所受之傷害，係頭蓋骨折，右側頭部血腫裂
　　　　創、及腦震盪，既為原審所認定之事實，則依此項嚴重
　　　　傷害之情形，上訴人是否可以步行，而無需乘車治療，
　　　　實有斟酌餘地，原審謂上訴人支出之車資非治療所必
　　　　需，難謂允洽。上訴人指摘原審此部分判決不當，非無
　　　　理由。
三、關於慰藉金部分：

　　　　　本件上訴人以其受傷後，精神上所受痛苦甚大，請
　　　　求被上訴人賠償慰藉金二萬元，原審斟酌上訴人受傷之
　　　　程度，兩造之身份地位，及經濟狀況，被上訴人賠償八
　　　　千元，於法並無違背。上訴論旨仍謂應賠償二萬元，殊
　　　　非可取。

　　　　　據上論結，本件上訴為一部有理由，一部無理由，
　　　　依民事訴訟法第 477 條第 1 項，第 478 條第 1 項，第 481
　　　　條，第 449 條第 1 項，判決如主文。

※※※

　　甲經營商店，某日需於約定時間送貨至客戶處，但因工作繁忙無法分身，適逢其友乙來訪，乙乃自告奮勇駕駛甲商店之貨車替甲送貨，乙送貨完畢回甲商店途中繞道至乙小孩就讀之小學接小孩放學，不料離開學校時，因未注意發生車禍，撞傷路人丙。試問：

1. 丙可否向甲請求損害賠償？
2. 由於乙經濟情況不佳，丙一直未向乙請求賠償，假設丙於車禍一年後始知乙係為甲送貨之事實，而於車禍二年後才向甲請求損害賠償，甲可否拒？

一、丙可依民法第 188 條第 1 項向甲請求損害賠償：

　　(一) 丙得否依民法第 188 條第 1 項向甲主張僱用人責任請求損害賠償，須以乙與甲之間具有僱用關係、乙之行為構成侵權行為，乙之行為係執行職務之行為及甲無監督指示之疏懈為其前提。

　　(二) 乙與甲之間是否具有僱用關係，亦即乙是否為甲之受僱人，於本案例中容有爭執。民法第 188 條所謂之受僱人，依最高法院 57 年台上字第 1663 號判例所示，係指客觀上被他人使用為之服勞務而受其監督之人。依本項之規範意旨，受僱人之特徵在於受僱用人之監督，而納入其組織，服從其指示，而不問是否具有法律上之僱傭契約，亦不問服勞務之時間長短。觀諸本案例之情形，乙雖非甲之員工，與甲之間並無締

結僱傭契約，惟乙自告奮勇為甲送貨，其送貨之地點及載送貨品之內容均係經甲之指示，故符合此一監督指示之情狀；且依實務之看法，外觀上乙係駕駛甲之貨車送貨，其客觀上亦足表彰其係受甲之使用而為甲提供勞務。故乙雖僅係短暫為甲代班服勞務，而未締有僱傭契約，仍應認為乙係甲之受僱人。

(三) 乙於行車時因未注意而發生車禍撞傷路人丙，已屬因過失而不法侵害丙之身體權致其受有損害，故已構成民法第 184 條第 1 項前段之侵權行為，而符合受僱人為侵權行為之要件。

(四) 其次，乙之行為是否係執行職務之行為，亦有爭議。民法第 188 條第 1 項所謂執行職務之行為，最高法院四十二年台上字第 1224 號判例認為係指受僱人之行為，在客觀上足認為與其執行職務有關之行為。最高法院九十年台上字第 1991 號判決更明示：苟受僱人之行為外觀具有執行職務之形式，在客觀上足以認定其為執行職務者，就其利用職務上之機會及與執行職務之時間或處所有密切關係之行為，亦應涵攝在內。是以，凡與僱用人委辦職務有通常合理關聯之行為，均屬所謂「執行職務」。本案中乙係送貨完畢回商店途中繞道接送孩童下學時發生車禍，其貨品雖已送達，惟本案中之乙由於僅係一次性協助甲送貨，故乙須將載貨用之甲之商店貨車返還甲，其該次勞務始屬執行完畢，故其於駕車回到甲住處之前駕駛該車之行

為，尚屬執行職務必要之行為，與僱用人委辦之職務
有通常合理關聯，應屬乙執行職務之行為。

(五) 又依民法第 188 條第 1 項規定，甲就其僱用人責任係
負推定過失及因果關係之責任，依目前實務甲殊難舉
反證推翻，且本案中甲選任一駕車不慎之乙，亦未能
監督乙在行車過程中採取足夠之注意義務，致生損害
於丙，應不得舉反證推翻其責任。

(六) 綜上所述，丙得依民法第 188 條第 1 項對甲主張損害
賠償。

二、甲不得依民法第 197 條第 1 項、276 條第 2 項及 188 條
第 3 項拒絕丙之全部請求：

(一) 依民法第 197 條第 1 項前段規定，因侵權行為所生之
損害賠償請求權，自請求權人知有損害及賠償義務人
時起，二年間不行使而消滅。就甲之僱用人責任而
言，丙請求權之消滅時效係自丙知甲有義務時起算，
二年間不行使而消滅。丙自車禍一年後始知乙係為甲
送貨，自斯時起丙始知甲有僱用人責任，故於車禍二
年後觀之，其期間僅經過一年，丙對甲之損害賠償請
求權尚未罹於時效。

(二) 惟甲與乙依民法第 188 條第 1 項係負連帶債務，依民
法第 276 條第 2 項規定，於連帶債務人乙之債務罹於
消滅時效時，乙應為內部分擔之部分，甲亦免其責
任；又依民法第 188 條第 3 項規定，僱用人對受僱人
尚有求償權。由此綜合觀之，受僱人乙應內部分擔之
比例實為百分之一百，是以甲就受僱人乙之行為所生

之損害賠償之責任，依前揭規定已因乙之債務罹於消滅時效而同免其責，丙似不得再對甲主張責任。

(三) 惟如此解釋將使被害人丙之保障有所不足，學者嘗有主張民法第 188 條第 3 項之規定僅係確認僱用人對受僱人有求償之權，至於求償之數額亦即其間分擔比例，應可類推適用民法第 217 條與有過失之規定加以定之。依此觀之，僱用人甲既推定有過失，其與受僱人乙就連帶債務之分擔比例，自應就雙方過失之比例定之。於定僱用人甲之分擔比例後，縱乙之債務罹於時效，丙仍得就甲所分擔之比例向甲請求損害賠償。

侵權賠償案例──判例

　　女子（甲）教師於穿越人行道時闖紅燈，因機車騎士（乙）煞車不及而撞上，甲要求巨額賠償（80 萬元），但法院認定甲為人師表又闖紅燈，故須負百分之六十的過失責任，因此判乙騎士只要賠償 30 萬元。

　　機車騎士過失撞傷甲女子，依民法第 184 條第 2 項、191 條之 2 規定，機車騎士違反道路交通安全法規，導致甲受有損害，甲可以請求機車騎士損害賠償，惟機車騎士能舉證證明自己的行為並無過失或防止損害之發生已盡相當之注意義務，則機車騎士則可免除損害賠償責任。據了解機車騎士應是亦有過失責任，所以機車騎士無法免責。

　　甲女子可請求損害賠償之範圍；侵權賠償主要目的彌補被害人因侵權所受之損害，而非在懲罰侵權之人，故甲只可以請求治療傷害之醫療費用，另依民法第 193 條、第 195 條規定，甲因侵

權而喪失或減少勞動能力或增加生活上之需要，及精神上之損害都可向機車騎士請求。

因車禍之發生不完全歸責於機車騎士，機車騎士負全部責任似乎顯失公平，故依民法第 217 條「過失相抵」規定。「過失相抵」係指損害之發生或擴大，被害人與有過失，則法院得減輕賠償金額，或免除賠償責任。法院認為甲為人師表還闖紅燈部分與有過失，故應就損害之發生負 60％的責任，換言之，機車騎士只要就法院裁判之損害賠償總額之 40％負責。

※※※

判例

最高法院：95 年 10 月 26 日
95 年度台上字第 2388 號民事判決

「按損害賠償之債，以有損害之發生及有責任原因之事實，並二者之間，有相當因果關係為成立要件。故原告所主張損害賠償之債，如不合於此項成立要件者，即難謂有損害賠償請求權存在（本院 48 年台上字第 481 號判例參照）。次按，民法第 185 條第一項後段規定之共同危險行為，須數人共同不法侵害他人權利，即數人『均有』侵害他人權利之『不法』行為，而不能知其中孰為加害人為要件。本件被上訴人施放天燈當時，既非法令所禁止之行為，則施放天燈縱經○○學會理監事會開會決定舉辦，尚難因此決定遽令負侵權行為之責；且上訴人又主張被上訴人僅

係參與○○學會所舉辦放天燈活動，而施放天燈又係個別為之，僅因一只天燈施放失敗致引發系爭火災，顯係個別施放者施放失敗所致，核與數人『均有』『不法』侵害他人權利之共同不法侵害行為之情形有別，要無責令全體施放者同負共同危險行為之連帶損害賠償責任之理。」參照。

※※※

最高法院 95 年 08 月 24 日
95 年度台上字第 1885 號民事判決：

「惟按損害賠償之債，以有損害之發生及有責任原因之事實，並二者之間有相當因果關係為其成立要件，故原告所主張損害賠償之債，如不合於此項成立要件者，即難謂有損害賠償請求權存在。又所謂相當因果關係，係指依經驗法則，綜合行為當時所存在之一切事實，為客觀之事後審查，認為在一般情形上，有此環境，有此行為之同一條件，均發生同一之結果者，則該條件即為發生結果之相當條件，行為與結果即有相當之因果關係。反之，若在一般情形上，有此同一條件存在，而依客觀之審查，認為不必皆發生此結果者，則該條件與結果並不相當，不過為偶然之事實而已，其行為與結果間即無相當因果關係。本件原審認定上訴人未依安全設置標準設置消防安全設備，推定有過失，乃原判決就上訴人因該推定過失行為與被上訴人寄倉之貨損間，如何具有相當因果關係，並未詳敘其得心證之理由，即有判決不備理由之違法。次按確定判決之既判力，固於判決主文所判斷之訴訟

標的，始可發生，但法院於判決理由中，就訴訟標的以外當事人所主張影響判決結果之重要爭點，本於當事人完足舉證及辯論之結果，已為實質之判斷者，基於當事人間程序上誠信原則及訴訟經濟之考量，仍應賦予一定之拘束力。是同一當事人間就該重要爭點提起之其他訴訟，除有原判斷顯然違背法令、或當事人提出新訴訟資料足以推翻原判斷、或原確定判決之判斷顯失公平等情形，可認當事人為與原判斷相反之主張，不致違反誠信原則外，應解為當事人及法院就該經法院判斷之重要爭點之法律關係，均不得為相反之主張或判斷。查上訴人是否已盡善良管理人之注意義務，業經台灣高等法院 93 年度重上字第 591 號判決理由中認定：『系爭火災以人為因素引火之可能性最大，而○○公司（即上訴人）並無不當堆放化學藥劑或設置電路違誤引發火災，且○○公司已依消防法規之規定設置滅火器、室內消防栓設備、火警自動警報系統，並額外設置標示設備、緊急照明設備及室外消防栓設備，又僱請保全公司裝設紅外線感應器並派員夜間巡邏，應可認已盡善良管理人之注意義務』，嗣經本院以 94 年度台上字第 1333 號民事裁定駁回被上訴人之上訴而告確定，有前開案件之裁判書存卷可稽。

依上開說明，若當事人未於本件另提出所謂新訟訴資料足以推翻原判斷，應仍受前確定判決理由之判斷所拘束，不得為相反之判斷。詎原審未敘明何以不受前確定判決理由判斷所拘束之理由，遽認上訴人未盡善良管理人之注意義務，進而為其不利之判決，尚嫌速斷。上訴論旨，指摘原判決關於其不利部分為不當，聲明廢棄，為有理由。」參照。

（摘錄於台灣法律網楊春吉）

※※※

最高法院 49 年 11 月 24 日台上字第 2323 號判例
最高法院 54 年 06 月 24 日台上字第 1523 號判例

　　「侵權行為所發生之損害賠償請求權，以有故意或過失不法
侵害他人權利為其成立要件，若其行為並無故意或過失，即無賠
償之可言，第三人所有之財產，如有足以信其屬債務人所有之正
當理由，則請求查封之債權人，尚不得謂之有過失。」

※※※

最高法院 26 年 01 月 01 日鄂上字第 3 號判例

　　「因失火燒毀他人之房屋者，除民法第 434 條所定情形外，
縱為輕過失而非重大之過失，依民法第 184 條第一項之規定，亦
應負損害賠償責任。失火人有重大過失時始負侵權行為責任之立
法例，為我國民法所不採，自不得以此為口實。」

※※※

最高法院 22 年 01 月 01 日上字第 1311 號判例

　　「租賃物因承租人失火而毀損滅失者，以承租人有重大過失為
限，始對出租人負損害賠償責任，民法第 434 條已有特別規定，承
租人之失火僅為輕過失時，出租人自不得以侵權行為為理由，依民
法第 184 條第一項之規定，請求損害賠償。」參照。

※※※

最高法院 48 年 05 月 21 日台上字第 680 號判例

「關於侵權行為賠償損害之請求權，以實際上受有損害為成立要件。故侵權行為賠償損害之訴訟，法院認原告有賠償損害之請求權存在，及命被告賠償損害之判決，如未於判決理由項下，記載原告受有實際上如何損害之意見者，即屬民事訴訟法第 466 第 6 款所謂判決不備理由。」

※※※

最高法院 43 年 05 月 07 日台上字第 395 號判例

「關於侵權行為賠償損害之請求權，以實際上受有損害為成立要件，故侵權行為賠償損害之訴訟，法院認原告有賠償損害之請求權存在，為命被告賠償損害之判決，如未於判決理由項下記載原告受有實際上如何損害之意見者，即屬民事訴訟法第 466 條第 6 款所謂判決不備理由。」

※※※

最高法院 19 年 01 月 01 日上字第 2316 號判例

關於侵權行為賠償損害之請求，以受有實際損害為要件。

※※※

最高法院 19 年 01 月 01 日上字第 3150 號判例

　　關於侵權行為賠償損害之請求權，以受有實際上之損害為成立要件。

※※※

最高法院 19 年 01 月 01 日上字第 363 號判例

　　關於侵權行為賠償損害之請求權，以受有實際損害為成立要件，若絕無損害亦即無賠償之可言。參照。

第十一章

債權確保撤銷訴權之提起

在台灣整體經濟衰竭動盪的社會轉變下，我們經常可以看到許多債務人扛不履行清償債務時，而債權人也已取得法院強制執行名義及強制執行裁決時，卻有另一人出面（即第三人），並提出相關佐證資料，表示債務人的不動產，已經合法程序移轉在他名下為其所有。這時候，債權人真的也只有無奈，隱恨怨歎、自認倒楣了……！

不過，在債務人故意利用合法買賣，或贈與方式做為脫產情形下，債權人並不是就完全拿他沒輒，仍然可以找出適當之相關法條，據法謀求其補救，以追要回債務人應清償的債務款。

壹、撤銷訴權釋義

撤銷訴權為民法對債權人對債權的一種保障，相對的也是阻止債務人脫產的一種防範。簡單的說，就是說債務人如果為逃避債務的清償，利用合法的買賣或贈與的方式脫產；只要有損害到債權人的利益，債權人就可以向法院提出「撤銷訴權」的告訴，對債務人因脫產所做的買賣或贈與行為，聲請法院撤銷恢復原狀，以保有債權人原有的債權，並依法院撤銷的判決，向債務人追回應得的債款。

貳、撤銷訴權之運用

　　撤銷訴權撤銷訴權就是甲（債務人）、乙（債權人）雙方發生債務糾紛時，欠債的一方想方設法脫產、此時甲方為保障自己權益向法院申請撤銷乙方不管是增予、買賣等行為是無效的。此種申請一經法院判決即屬形成判決確定；此時債務人原先所為之脫產行為即被撤銷，恢復原狀。因此欠債的一方有脫產情事發生時，債權人應馬上查明債務人就其不動產移轉登記的原因，依證據向法院申請撤銷訴權，以確保債權及債務之追償。

一、對債務人之無償行為，提起撤銷訴權之訴

　　若經查明債務人如有不動產移轉，其登記原因為無償（贈與）行為時，債權人即可依民法第 244 條第 1 項要義，提起撤銷訴權之訴，就有害及債權人之債權，訴請法院撤銷債務人所為之贈與無償之行為，為無效。

二、對債務人之有償行為，提起撤銷訴權之訴

　　若經查明債務人就其不動產移轉，其登記原因為有償（買賣）行為時，債權人即可依民法第 244 條第 2 項要義，訴請法院撤銷債務人所為之買賣有償之行為，為無效。

　　三、惟，就民法第 244 條第 2 項規定，於訴請法院撤銷債務人所為之有償行為時，須以受益人（即第三人）於受益時亦明知有害及債權人之權利者為限（債權人必須負該有償行為舉證之責）

參、無償（贈予）行為爰用之條件

一、債務人與該有償（買賣）行為之相對人間，存在有配偶
　　關係或三等親以內之親屬間財產買賣，仍以贈與行為論
　　（遺產及贈與稅法第 5 條第 6 項規定）。

二、債務人與該有償（買賣）行為之相對人間，存在有特殊
　　關係者，如債務人與該買賣行為之相對人間為同居關
　　係，或財務關係上過從甚密之股東，或主從關係之存再者。

三、債務人表面上登記為買賣，實際上卻為贈與，或為假買
　　賣名義行脫產轉移之實者，則可依民法 87 條；虛偽意
　　思表示而隱藏他項法律行為，而適用關於該項法律行為
　　之規定，提起撤銷訴權之訴，訴請該買賣行為無效。

肆、撤銷訴權提起，應注意之事項

一、提起撤銷訴權時，應將債務人及受益人（第三人）併列
　　為被告。

二、提起撤銷訴權時，應提出債權存在之相關證明。

三、提起撤銷訴權時應於地政機關，取得債務人將不動產移轉
　　登記予相對人（即第三人）之產權權狀及謄本，以證明其
　　移轉登記之原因為無償（贈與）或有償（買賣）之行為。

四、提起撤銷訴權前，應對該行為之相對人（即第三人），
　　請求法院裁定實施假處分，以防止其就該不動產再有移
　　轉過戶之情形。

伍、法條爰引參考

一、民法第 87 條

　　表意人與相對人通謀而為虛偽意思表示者，其意思表示無效，但不得以其無效對抗善意之第三人。

二、民法第 244 條

　　債務人所為之無償行為有害及債權人者，債權人得聲請法院撤銷之。債務人所為之有償行為，於行為時明知有害及債權人之權利者，以受益人於受益時亦知其情事者為限，債權人得聲請法院撤銷之。

三、民事訴訟法第 277 條

　　當事人主張有利於己之事實，就其事實有舉證之責任。

四、民事訴訟法第 532 條

　　假處分係指債權人就金錢請求以外之請求，欲保全強制執行者，或於爭執之法律關係有定暫時狀態之必要，得聲請假處分。

陸、假設案例

甲因對乙欠債未還，為恐乙對其所有之不動產聲請強制執行，將其不動產以買賣之方式過戶移轉登記為丙所有。乙於聲請強制執行時，得知該不動產已過戶為丙所有，惟經乙查證得知丙為甲之同居女朋友（年約 25 歲無業）；而其如何有此資力，購買甲價值近千萬之不動產，乙乃對丙聲請假處分查封，以阻止丙再將該不動產過戶予他人；並同時提起撤銷訴權之訴，請求判決撤銷甲丙之移轉登記行為為無效，並塗銷其所有權移轉之登記。

案經法院開庭審理，乙就其所查證事實提出主張，認丙實無可能購買甲不動產之資力，請求審判長查證丙購買不動產資金之來處；審判長同意乙請求，著由丙舉證證明其購買甲所有不動產近千萬元資金從何而來……？丙辯稱資金係其父親所提供，乙立即請求審判長傳訊丙父親出庭作證。於第二次開庭時不僅丙父未出庭作證，丙及甲也無故不到庭。乙遂請求審判長以原告一造之辯論為辯論，請求審判長判決撤銷甲、丙間不動產之買賣行為。乙即據該確定判決，塗銷乙、丙間所有權之移轉登記後，即對甲聲請強制執行收回債權。

柒、判例爰引參考

一、56 台上 19 號判例；撤銷訴權雖然說時實體法上之權利，而不是訴訟法上之權利。然而不經過訴訟的方法行使即

不生撤銷之效力，在沒有經過法院撤銷之效力之前，債務人之處分行為嚴格說是合法的。

二、56 台上 347 號判例；撤銷訴權必須先經債權人訴求法院撤銷債務人，與第三人間之有償或無償行為，否則不得逕行塗銷債務人其所有權移轉登記。

三、71、04、20 日 71 年度第 7 次民事庭會議決議；就債權人之債權因請求權罹於消滅時效，經判決敗訴確定後能否行使撤銷訴權？經民事庭會議決議，撤銷訴權乃為保全債權之履行而設；既經判決確定不能行使，則撤銷訴權顯無理由成立。

捌、撤銷訴權書狀範例

見 91 頁。

民事撤銷訴權起訴狀

原　　告：○○○　　　　　○○縣○○鎮○○路○○號○○樓

法定代理人：○○○　　　　　○○縣○○鎮○○路○○號○○樓

被　　告：○○○　　　　　○○縣○○鎮○○路○○號○○樓

被　　告：○○○　　　　　○○縣○○鎮○○路○○號○○樓

為請求撤銷抵押權設定行為，及塗銷抵押權登記事！

壹、訴之聲明：

　　一、被告就座落於○○縣○○鎮○○路○○號○○樓不動產及土
　　　　地之移轉，登記原因為買賣有償行為，依民法第 244 條第 2
　　　　項要義，訴請法院撤銷被告所為之買賣有償行為，為無效。

　　二、訴訟費用由被告等連帶負擔。

貳、事實及理由：

　　一、緣原告○○○係被告○○○之債權人，債權額為新臺幣××
　　　　×××××萬元～如附證一。詎料，被告○○○竟於××年
　　　　××月××日就訴之聲明所列之不動產，為被告以買賣之方
　　　　式過戶移轉登記為其共同被告○○○所有。惟經查，共同被
　　　　告○○○實為被告○○○之同居女朋友，其現年約 25 歲，亦
　　　　無業，實如何有此資金購買被告○○○價值近千萬之不動產。

　　二、查，債務人所為之有償行為，有害及債權人者，債權人得聲
　　　　請法院撤銷之，民法第 244 條第一項定有規定。有害原告債

　　　　權之追償，故今依法提起撤銷訴權之訴，請求判決撤銷共同
　　　　被告間之移轉登記行為為無效，並塗銷其所有權移轉之登記。

綜上所述，被告間之為顯已有害原告之債權，為此狀請
鈞院鑒核，判決如訴之聲明，以維法紀，是所致禱！

附　　證：
一、債權借據影本乙份。
二、不動產移轉登記謄本各乙份。

　　謹　　狀

臺灣□□地方法院　民事庭　公鑒

　　　　　中華民國×××年××月××日

　　　　　　　　　　　　　　具狀人：○○○

第十二章

債權追償代位權之提起

我們經常發現，許多債務人為達到其規避債務和脫產之目的，常常對許多有利之債權先不為處理，等債權人就其現狀完成法律和解動作後，才再自行回收其有利之債權；往往常令債權人不只要承受訴訟的疲累，更必須耗支律師委訟費和法院裁判費的支付，除了鬱卒氣忿和恨的牙癢癢外，也只能無奈……！不過，債權人其實也不必氣餒和恢心；應充份的蒐證，就民法保障債權人所設之代位權行使，來確保債權之收回。

壹、代位權之釋義

債權人如果發現債務人的資產、信用狀況變的不穩或惡劣，對債權收回有顧慮時，為確保以後對債務人強制執行之請求，如果知道債務人對於第三人，有可以行使之有益權利而怠於行使時，債權人可以依民法有關代位權行使的規定，代位債務人行使權利。不過，代位權也是管理權的一種，無論債權人行使何種之代位權，都必須盡善良管理人注意的義務，以免讓債務人招致無謂的損失。

貳、代位權行使之條件

　　債權人可以代位辦理過戶或繼承登記，代位請求塗銷保物之塗銷登記，即代位請求返還擔保物，收回擔保物，或代位請求參與分配，代位請求繳納股款，代位請求給付貨款，工程款，代位提起損害賠償之請求……等；債權人均得以自己之名義，代位債務人行使其權利。

　　一、借款人向第三人承買不動產，尚未辦理過戶之登記；或已可以繼承之權利，而尚未辦理繼承之登記。

　　二、曾對第三人負有債務存在，曾提供有擔保物已清償完竣，惟，尚未辦理擔保物之塗銷登記，或未向第三人請求返還擔保物。

　　三、對第三人存有債權，而該第三人因和解或破產，而，債務人應申報債權未申報債權。

　　四、債權人之債務人係有限公司，而對其股東有股份繳納請求權存在，而怠於請求存取。

　　五、對第三人有給付貨款，或工程款之請求權存在。

　　六、債務人對第三人有損害賠償之請求權存在，可以行使而卻未行使等。

參、法條爰引參考

一、民法第 242 條

債務人怠於行使權利時，債權人因保全債權得以自己之名義行使其權利，但專屬於債務人本身者不在此限。

二、民法第 243 條

前條債權人之權利，非於債務人負遲延責任時不得行使，但專為保存債務人權利之行為不在此限。

三、強制執行法第 115 條

就債務人對於第三人之金錢債權為執行時，執行法院應依職權禁止債務人收取，或為其他處分，並禁止第三人向債務人清償。

四、強制執行法第 116 條

就債務人基於債權或物權，得請求第三人交付或移轉動產或不動產之權利為執行時，執行法院除以命令禁止債務人處分，並禁止第三人交付或移轉外，如認為適當時，得命第三人將該動產或不動產交與執行法院，依關於動產或不動產執行之規定執行之。

肆、假設案例

某乙公司債權人借貸後，經營不善倒閉，無力清償借款，債權人甲查知該乙公司之股東丙、丁各對乙公司有應繳納之股金，各為新台幣 120 萬元整尚未繳納：

例一、債務人乙對其股東丙、丁股金繳納請求權存在，乙應行使而未行使，債權人甲為乙公司之債權人，自得依民法第 242 條之規定，以債務人乙公司怠於行使權利為由，以債權人甲本身之名義代位乙公司向丙、丁行使股金繳納之請求權。

例二、債權人甲之債務人乙，向第三人丙承買不動產，簽訂不動產買賣契約，且債務人乙已將購買不動產之價金交付與出賣人丙時，但卻尚未辦理不動產之所有權移轉登記。此時，債權人甲即可代位債務人乙向該不動產出賣人丙，請求辦理不動產所有權之移轉登記。亦即債權人甲可與不動產出賣人丙共同具名，向地政機關聲請辦理該不動產所有權移轉登記。

例三、債權人甲之債務人乙對第三人丙有貨款，及工程款之請求權存在，債務人乙怠於行使時，債權人甲在此情況下，可先行對債務人乙取得執行名義，再具狀聲請執行扣押該第三人丙，應給付予債務人乙之工程款或貨款等，執行扣押後，再請求執行法院發處分命令。

86 年台上字第 1473 號

【判例要旨】

債務人於受債權讓與通知時，對於讓與人有債權者，如其債權之清償期，先於所讓與之債權，或同時屆至者，債務人得對於

受讓人主張抵銷，民法第 299 條第 2 項定有明文。此項規定，依同法第 902 條規定，對於權利質權之設定，仍有其準用。是為質權標的物之債權，其債務人於受質權設定之通知時，對於出質人有債權，如其債權之清償期，先於為質權標的物之債權，或同時屆至者，債務人自得於同額內主張抵銷。

伍、代位權起訴狀範例

見 98 頁。

民事代位權行使起訴狀

原　　　告：○○○　　　　○○縣○○鎮○○路○○號○○樓

法定代理人：○○○　　　　○○縣○○鎮○○路○○號○○樓

被　　　告：○○○　　　　○○縣○○鎮○○路○○號○○樓

被　　　告：○○○　　　　○○縣○○鎮○○路○○號○○樓

為請求辦理所有權轉移登記，依法起訴事！

壹、訴之聲明

　　一、被告○○○應將座落於○○縣○○鎮○○路○○號○○樓不
　　　　動產及土地之移轉，辦理所有權移轉登記於被告甲○○○，
　　　　再由被告乙○○○辦理所有權移轉登記與原告。

　　二、訴訟費用由被告等負擔

貳、事實及理由

　　一、訴外人○○○於××年××月××日，將座落○○縣○○鎮
　　　　○○路○○號○○樓之不動產，及土地移轉出賣與被告甲○
　　　　○，經雙方到場簽章同意由伊直接過戶與被告乙○○○，被
　　　　告乙○○○於民國××年××月××日以之出賣與原告，並均已
　　　　全部給付價款清楚；惟，迄今未辦妥所有權移轉登記。

　　二、按債務人怠於行使其權利時，債權人得以自己之名義代位行
　　　　使其權利，民法第 242 條定有明文。被告○○○以怠於向被
　　　　告○○○依約行使過戶請求權，原告自得依上引法條帶位行
　　　　使，訴請被告○○○辦理過戶登記與被告○○○。又物之出

賣人負使買受人取得該○物所有權之義務，此為民法第 348
條第一項所明定。

綜上所述，原告基於買賣關係，亦有請求被告○○○辦理所有
權移轉登記之權利，為此狀請鈞院鑒核，判決如訴之聲明，以維法
紀，是所致禱！

附　　證
一、不動產買賣契約書影本兩件
二、證明書乙件
三、土地登記謄本乙件

　　謹　　狀

臺灣□□地方法院　民事庭　公鑒

　　　　　中華民國×××年××月××日

　　　　　　　　　　　　　　具狀人：○○○

第十三章

債權確保債權憑證

　　所謂債權憑證是：借據、本票、支票等足以證明債權債務關係的一切證據。抵押權在性質上屬於擔保物權，其作用在於擔保債權，於債務人不為清償時，可就擔保物（被設定的土地房屋）賣得的價金來清償。因此，如果主債權不存在，抵押權即無法單獨發生法律上之效果。

　　一般人常誤以為有抵押權設定登記，就可以請求給付借款，由上可知這是相當嚴重的錯誤看法。除此之外，債權憑證須以抵押權設定登記之債務人為名義人來出具，將來強制執行（拍賣）時才不至於權利義務人不符，而無法進行！

■ 抵押權設定

　　實務上，民眾偶有因急需，被迫向民間高利借貸。可是於抵押權設定登記完畢後，抵押權人不但不付款，竟辯說借款早已給付了，面對這個設定登記完畢卻拿不到錢的抵押權，萬一抵押權權人若聲請法院拍賣，該如何是好？抵押權雖為物權的一種，且依土地法第四十三條的規定，一經登記即具有絕對效力，抵押權的作用在於擔保債權，一旦債務人不為清償時，可就擔保物（被

設定的土地房屋）賣得的價金來清償。因此，其本質係一從權利，而債權才是主權利，如果主債權不存在，抵押權即無法單獨發生法律上之效果！

　　首先，要想清楚於抵押權設定的同時，是否有簽下借據、本票、支票或是其他任何的債權憑證？通常需借款的人如果已經將上述的任何債權憑證交付給對方，就表示有債權債務關係的存在，如此一來，面對抵押權人的主張，民眾必將難以辯駁。

　　然而，事實上若未向抵押權人借到錢，而抵押權人也不出具抵押權塗銷所需的文件，那民眾必須趕緊循司法途徑，訴請法院判決塗銷，於判決確定後，再向地政機關申請塗銷抵押權，以免借錢不成，反而賠上自己的財產！

壹、收受本票應注意事項

　　收受本票是為了將來能取得金錢的償還，假使借款人能按約定拿錢來贖回本票，一切都相安無事，然而借款人如果到了清償日仍不見蹤影，無論您用盡各種方法都找不到人，這時候最好的方法就是趕緊將本票送法院做本票裁定，再將借款人的財產拍賣來求償。然而，經常發現有民眾疏忽了以下二項關鍵點，而造成討不回錢的遺憾：

　　一、本票的絕對生效要件：以下各項少任一樣，該本票無效。

　　（一）票上表明其為本票之文字。

　　（二）一定之金額：塗改，則本票無效。

(三) 發票的年月日：年、月、日三者缺一不可，且涉及發票人的行為能力是否貝備的認定。

(四) 載明「無條件擔任支付」字樣。

(五) 發票人簽名。

二、本票裁定有三年的時間限制：

本票求償最佳的方式就是，送法院申請本票裁定後，直接聲請將發票人的財產拍賣。但請您留意必須在本票到期日的三年內（若未填發票日，則在發票日後三年內），向管轄法院提出聲請，否則逾期票據的討債，恐怕得花費您不少的時間及訴訟費，還不見得能追回錢。

實務上，為了避免將來以本票裁定求償債權時，因本票記載的小疏忽，而有無法求償的情況發生，以下注意事項您不可不知：

(一) 發票日一定要填寫，到期日盡量不填寫：

即所謂「見票即付」型的本票，好處是一發現借款人財務有不正常的狀況，如倒會、利息拖欠、跳票等，可立即聲請本票裁定，以確保最早取得債款。

(二) 金額有無錯別字或塗改現象：

金額若有錯別字或塗改現象，則本票無效。

(三) 付款地、身分證統一編號有無填寫：

將來本票裁定求償時，付款地關係到申請的管轄法院為何。

(四) 留下發票人身份證正反面影本。

(五) 發票人是公司行號：

　　　如果發票人是公司行號，必須大小章都要蓋齊，並填上統一編號，甚至當場驗看證明文件。

(六) 保證人最好和發票人共同簽發：

　　　以增加求償對象。

(七) 約定利率填寫：

　　　利率約定如果超過年利率百分之六，利率記明在本票上。

貳、持有本票，如何行債權追償

　　持有本票，經提示不獲兌付時，法律上有一最簡便，且不須經過冗長訴訟的求償方法，就是直接向法院聲請對發票人提起「本票裁定後准予強制執行」（俗稱本票裁定）。但執票人應注意票據的時效限制，與票據是否具備絕對生效要件。

一、本票的時效

　　自到期日起算（視票據內容）；未填到期日的見票即付之本票，則自發票日起算，三年內不行使，因時效而消滅。換句話說，持有本票，應時時注意勿超過三年的期限，否則將來想討債卻無法適用快速的本票裁定方式，而必須多花一筆訴訟費經過漫長的訴訟後，才有可能獲得償還。

二、本票裁定的管轄法院

票據付款地的法院，為聲請本票裁定的管轄法院；如本票上未載明付款地，就以發票地為付款地；如果又沒填發票地，就以發票人的營業所、住所、居所我在地為發票地。

三、實務上作法

當您經過上述的過程取得本票裁定書及確定證明後，想強制執行（就是查封拍賣）發票人的財產，卻往往發現對方早就脫產了。因此，別忘了保全的作法，是先假扣押凍結對方的財產（但須先提存三分之一的債權金額在法院），再來進行本票裁定的動作，以增加您將來獲得清償的機率！

債權債務憑證

檔案序號：××××××

茲有下列債權債務人，於中華民國××年××月××日，會商合意簽立本債權憑證，以為債權確認之法律依憑。

一、債權、債務總額：總計新台幣××××××元整（××月××日電匯依憑～銀行帳號………）。

二、債權債務擔保：由債務人簽開面額新台幣××××元整，商業期票票號：AB××××××××××以為該債權債務之擔保。

三、債務清償協議該債務款於××年××月××日屆期清償之。

四、本債權憑證乙式二份，經債權、債務人會商合意下，特立此債權憑證，以為債權債務確認與清償之法律依憑。

債權人簽署：

債務人簽署：

中華民國××年××月××日

第
十
四
章

債權確保與債務追償刑事責任之訴究

　　債權人在對債務人進行強制執行時，如果發現債務人有意圖毀損、處分或隱匿其財產之行為，而有損害及債權人的債權時，債權人就可以依照刑事訴訟法第 242 條，向管轄之地方法院檢察署提起告訴，或者向司法警察（局）提起告發。

　　不過，提起刑事告訴或告發後，如果債務人已經將其財產交由債權人執行，或已經向債權人清償完債務時，債權人就應該立即依照刑事訴訟法第 238 條的規定，在第一審言詞辯論終結前撤回告訴，以免真的讓債務人受到刑事有罪之判決。

　　亦即刑事責任之追究，主在促使債務人面對與清償債務為目的，並不是要向債務人追究刑事責任；債權人提起刑事犯罪之告訴，真正的目的是種收回債權的方法之一，並不是要讓債務人負刑事責任而受有罪之判刑。我們必須了解，一旦債務人遭法院判決有罪服刑坐牢，債權人更變成討債無門，反更得不償失了。再說追究債務人刑責，甚致使債務人因而入監服刑，對債權人來說，也是損人而不利己的；因此，刑事訴訟的提起，應該盡量避免，更忌，在氣憤或情緒激動下，貿然提起刑事之告訴。

壹、債權人如何防止債務人脫產

　　債權人於提起訴訟前，先對債務人的財產，如土地、房屋的不動產、銀行存款，或對第三人可請求給付金錢的動產、不動產權利，向法院聲請假扣押或假處分，以避日後進行訴訟，縱為勝訴判決確定，但債務人已脫產殆盡而索償無門。法院核准債權人為假扣押、假處分的裁定後，債權人需提供請求債權的三分之一（假扣押）或全部（假處分）金額作為擔保金，其次填寫提存書，且繳納擔保金於法院提存所。再者，將提存書影本併假扣押、假處分強制執行聲請狀向法院遞件，法院便會依債權人聲請，對假扣押、假處分的財產、標的，發函囑託地政事務所為查封登記，對銀行發執行命令禁止債務人領取帳戶內金額、對第三人發執行命令禁止清償，或禁止債務人、第三人為一定的行為的扣押命令。但應注意的是，債權人於收受法院假扣押或假處分裁定後，應於三十日內聲請強制執行，否則該裁定即失其效力。

貳、如何快速取得執行名義

　　債權人如果要向法院聲請對債務人名下所有財產，或所得為強制執行，必須取得執行名義才可以；而取得執行名義最簡便的方法，即是向法院聲請依督促程序發支付命令。聲請的要件為，債權人如果持有可對債務人請求給付金錢，或其他代替物或一定數量的有價証券如支票均可（民事訴訟法第 508 條）。法院於收受聲請狀後，如形式審查符合規定，即向債務人寄發支付命令，債

務人收受後，如未於二十日內向法院為異議的聲明，則該支付命令即生有與確定判決同一的效力（民事訴訟法第 521 條）。債權人於法院核發確定証明書後，即可執此為執行名義，向稅捐機關查詢債務人的財產狀況，進而向法院聲請強制執行，以查封債務人名下之財產為受償。

第三編

債務清償整合協商

第十五章

債務清償請求權消滅時效

消滅時效，乃就債權人之請求權因一定期間繼續不行使，債務人得行使抗辯權，而使其請求權歸於消滅，即其債權淪為無強制力之權利，成為有債權但無請求權之狀態（俗言法律不保護權利之睡著者）。法律消滅時效因債權種類之不同，定有長、短不一的消滅時效期間。

壹、消滅時效之效力

時效完成後，債務人得拒絕給付，消滅時效完成之效力，只是賦債務人以拒絕給付之抗辯權，並非債權人之請求權當然消滅。進而言之，若消滅時效完成，債權人仍行使請求權，而債務人主張消滅時效抗辯權，亦只使債權人之債權之請求權消滅，債權仍然存在，成為有債權但該債權並無請求權之狀態。

貳、消滅時效之起算

民法第 128 條規定「消滅時效,自請求權可行使起算。以不行為為目的之請求權,自為行為時起算。」所謂「可行使」,指權利得行使請求權之狀態;例如債權之清償期屆至,債務人得行使請求權是;所謂「不行為為目的之請求權」,指債權之內容係要求債務人單純不作為或容忍。

參、消滅時效之期間

消滅時效之期間,可分為一般時效與短期時效。

一、一般消滅時效

依民法第 125 條之規定,請求權因 15 年間不行使而消滅。

二、短期消滅時效

(一) 五年短期時效;依民法第 126 條規定,如利息、紅利、租金、贍養費、退職金,及其他一年或不及一年之定期給付債權,其各期給付請求權,因五年間不行使而消滅。

(二) 二年短期時效:民法第 127 條規定,因二年間不行使而消滅如:

1. 旅店、飲食店及娛樂場之住宿費、飲食費、座費、消費物之代價及其墊款。
2. 運送費及運送人所墊之款。
3. 以租帶動產為營業者之租價。
4. 醫生、藥師、看護生之診費、藥費、報酬及其墊款。
5. 律師、會計師、公證人之報酬及其墊款。
6. 技師、承攬人之報酬及其墊款。
7. 商人、製造人所供給之商品及產物之代價。

肆、消滅時效之計算

按民法第 478 條規定：「貸與人亦得定一個月以上人之相當期限，催告返還。」所謂返還，通說係指「終止契約之意思表示」而言，亦即貸與人一經向借用人催告（或起訴），其消費借貸關係即係即行終止，惟法律為使借用人便於準備起見，特設「一個月以上相當期限」之恩惠期間，借用人須俟該期限屆滿，始負遲延責任，貸與人亦始有請求之權利。

最高法院 55 年 12 月 20 日民刑庭總會決議稱：「某丙既已對其起訴，亦認其起訴為催告，且截至第二審言詞辯論之日止，為時又逾一個月以上，是其請求核與民法第 478 條之規定，並無不合。」云云甚明，是其時效期間，應自期間屆滿之翌日起算，本件應以乙說為當。

乙說：債權人向債務人表示終止借貸契約，並定一個月以上之期間為返還之催告，該催告所定期間屆滿後，其消滅時效始開

始進行。按債權未定清償期者，債權人得隨時請求清償，固為民法第 315 條所規定，惟此乃指一般債權而言，至於消費借貸，民法第 478 條既規定「消費借貸未定返還期限者，貸與人得定一個月以上之相當期限催告返還」，因之，債權人於債權成立時，尚不能立即請求返還，其消滅時效，自不能於債權成立時立即進行起算。須俟債權人向債務人表示終止借貸契約，且定一個月以上之期限催告返還，而至催告期間屆滿後，始起算其時效之進行。苟債權人於債權成立後，始終未依民法第 478 條之規定催告債務人限期返還，則時效尚未進行，縱經過十五年之期間，因時效未進行，債務人仍不得以時效已消滅而抗辯。

債務清償督促程序之異議與抗告

　　債務人對於債權人支付命令之聲請，於法定期間合法提出異議者，該支付命令於異議範圍內失其效力；並依民事訴訟法第 519 條之規定以債權人支付命令之聲請，視為起訴或聲請調解。

壹、異議聲明之效力

　　一、支付命令之異議，係為保護債務人之權益而設。債務人對於支付命令於法定期間提出異議者，支付命令於異議範圍內失其效力。

　　二、支付命令一經提出異議，即代表聲請調解或起訴之開始。支付命令異議之提出僅債務人得提出，第三人不得代位行使該項權利。

貳、異議聲明之程序

　　一、禁止代位提出

支付命令異議之提出，僅債務人得提出，第三人不得代位行使該項權利。

二、異議提出亦即起訴或調解開始

支付命令之異議，係為保護債務人之權益（利）而設。惟友付命令一經提出異議，即代表聲請調或起訴之開始。

三、異議提出之程序

依民訴法第 516 條：

債務人對於支付命令之全部或一部，得於送達後 20 日之不變期間內，不附理由向發命令之法院提出異議。債務人得在調解成立或第一審言詞辯論終結前，撤回其異議。但應負擔調解程序費用或訴訟費用。

四、異議程序費用

依民訴法第 519 條督促程序費用，應作為訴訟費用或調解程序費用之一部。

五、債務人不於一定期限內提出異議，該支付命令即與確定判決有同一效力。

第十七章

債務清償調解之聲請

　　調解程序是由法院聘請具有熱忱及專業的調解員，居中協調服務，調解成立後所製作之調解筆錄具有與確定判決相同的效力，而且調解成立後的費用又比訴訟費用節省，是一種可以節省紛爭時間跟金錢的解決方法。聲請調解，民事事件應得當事人之同意；告訴乃論之刑事事件應得被害人之同意，始得進行調解。

一、依民事訴訟法第 404 條要義

　　有適用簡易程序之合意，而當事人逕行起訴者，經他造抗辯後，視其起訴為調解之聲請。

二、依民事訴訟法第 403 要義

　　自法院或其他調解機關調解不成立起時，以經過一年者，於起訴前，應再經調解。

三、依鄉鎮市調解條例第 31 條要義

告訴乃論之刑事事件經調解不成立時，移轉受轄法院檢察署偵查，即視為已經告訴。

四、準民事訴訟法第 409 條之 1 規定

為達成調解目的之必，法院得依當事人之聲請，禁止他造變更現狀，處份標地物，或命為其他一定行為或不行為；於必要時，得命聲請人供擔保後行之。

五、調解聲請狀表格

見 121 頁。

六、調解聲請書狀範例

見 122 頁。

七、願受調解意向書範例

見 123 頁。

民事調解聲請狀

聲 請 人：（即債權人）○○○

相 對 人：（即債務人）○○○

為請求清償借款調解聲請事！

調解標的之法律關係：

　　一、相對人應給付聲請人新臺幣××××元，及民國××年××
　　　　月××日起至清償日止，按年息5%計算之利息。

　　二、調解之程序費用由相對人負擔。

爭議之情形：

緣相對人於民國××年××月××日向聲請人借得新臺幣××××
×元，約定同年××月××日為清償期日，立有借據為憑。詎屆清
償期，竟遲延不還，屢經催討無效，為此狀請

鈞院法依調解，以免訟累，實感德便。

　　　謹　　　狀

台灣□□地方法院　民事庭　公鑒

　　　　　　中華民國××年××月××日

　　　　　　　　　　　　具狀人：○○○

聲請調解書	收件日期：		
	收件編號：		
聲請人	○○○		○○市○○路○○號 TEL：
相對人	○○○		○○市○○路○○號 TEL：

為××××××××事，聲請調解由！

爭議概要	一、緣，相對人，於 00/00 日，騎乘車號×××機車，于○○市○○路與○○街口，為肇事人○○○所駕駛，車號×××之小客車違規左轉撞擊，致造成被害人×××受傷。肇事人更趁被害人受傷之際，擅將肇事車輛移開，涉嫌湮滅證據，以規避相關責任。 二、於此期程，肇事人僅留下保險公司電話後，便不曾予出現及連絡，更就醫療費用與機車修復等不為聞問；而保險公司於收取被害人相關資料迄今，就醫療費用與機車修復等亦無任何賠償作為……，已彰顯肇事人毫無善後處理之誠意，實令人憤愾！
和解條件	一、應即給付相對人（即被害人）損害賠償計：新台幣××萬××仟××佰元整。 二、自××年××月××日起迄損害求償給付日止，依法定利率 5%給付遲延利息。
證物	
證人	

　　謹　　呈
□□縣□□鄉　調解委員會　公鑒
聲請人：○○○
中華民國××年××月××日

車禍損害求償願受調解意向書

檔案序號：

聲請人今本息事為善之心，殷盼相對人能本摯誠與負責態度，善意處理「車禍損害」所衍生之調解事。若，被迫須依法提出刑事犯罪，與民事求償之告訴，顯非雙方實質之所望！

為車禍損害求償，願受調解意向事！

壹、調解關係人：

一、相對人：○○○　　　　　台北市○○○路○○巷○號○樓

二、聲請人：○○○　　　　　台北縣○○○路○○巷○號○樓

貳、違規左轉肇事求償概述：

一、緣，相對人（即被害人）○○○，於××年××月××日晨××時騎乘車號××××－××機車，于○○路與○○街口，為肇事人○○○所駕駛，車號××××－××之小客車違規左轉撞擊，致造成被害人左手側橈骨及尺骨骨折（骨折復位鋼板固定手術）。肇事人更趁被害人受傷之際，擅將肇事車輛移開涉嫌湮滅證據，以規避相關責任。

二、於此期程，肇事人○○○僅留下保險公司電話後，便不曾予出現及連絡，更就醫療費用與機車修復等不為聞問；而保險公司○○○先生於收取被害人相關資料迄今，就醫療費用與機車修復等亦無任何賠償作為……，此即已彰顯肇事人毫無善後處理之誠意，實令人憤慨！

三、相對人（即被害人）雙親已年邁，家庭生計（房租、生活）
　　與弟妹學費等，均仰靠相對人日夜工作勉得以維持！此次受
　　傷雖經手術搶救得宜；然於××年××月拆鋼板與鋼釘這年
　　餘，相對人（即被害人）實已無法再為工作，全家生計即見
　　困頓矣……！

四、今，爰依鄉鎮市調解條例及非訟事件法相關規定，提陳車禍
　　損害願受調解意向書。若，肇事人仍無善意回應，將即依法
　　提出刑事傷害之告訴，與民事相關之損害求償～如附陳訴狀。

參、願受調解之意向：

一、應即給付相對人（即被害人）損害賠償計：新台幣××××
　　××元整。

二、自××年××月××日起迄損害求償給付日止，依法定利率5
　　％給付遲延利息。

三、損害賠償計算式：

　　1、醫療損害賠償：

　　　　醫療手術及住院費（自××年××月××日～××年
　　　××月××日）＋每周復健門診費自（××年××月××
　　　日～××年××月××日）＝NT$××××××元整。

　　2、工作損害賠償：

　　　　（晨間羊奶配送月薪×××××元＋水泥雜工平均月
　　　薪××××元）×（××個月）（預期於××年××月拆
　　　鋼板）＝NT$××××××元整。

　　3、機車維修賠償：

　　　　依○○○機車行機車維修估價，計NT$×××××元整。

　　　4、精神撫慰賠償：

　　　　　此期程無法工作，造成年邁雙親生活困頓（房租、弟
　　　妹學費、家計等），故以月收入×××××元×半年（6 個
　　　月）為據求償 NT$×××××××元整。

肆、證物：

　　一、車禍事故研析報告。

　　二、醫院診斷證明書。

　　三、醫院手術同意書。

　　四、醫院醫療費用證明。

　　五、機車毀損修復估價單。

　　六、晨間工作證明影本。

　　七、白天工作證明影本。

　　綜上所陳，茲爰依鄉鎮市調解條例及民法相關之要義，提陳本
爭議願受調解之意向。並深切殷盼相對人能本於摯誠與負責之態
度，能為善意賠償之處理，以符調解之訴求，是所致禱！

　　　謹　　　呈

台北□□□區　調解委員會　公鑒

　　　　　　　中華民國××年××月××日

　　　　　　　　　　　　聲請人：○○○

債權債務
──拋棄繼承

經常有人詢問「父債子還」的問題，可見現在繼承負債的人越來越多了。父母的債務，子女只要放棄繼承就不需承擔其債務，跟父母離婚或子女已無和父母親同住，完全不牽扯；父母的債務子女不還，法律依據是容許的（除非債權人能提出証明，財產是父母贈遺才能進行假扣押）

基本上「父債子還」之規定是有的，子女們除了得繼承父母生前留下的財產外，也應該清償父母親生前留下的債務；但是子女在負擔不起或不願負擔父母的債務時，民法亦有規定在法定期間內，可向法院聲請拋棄繼承。

民法第 1174 條第一項規定：「繼承人得拋棄其繼承權」、第二項規定：「前項拋棄，應於知悉其得繼承之時起二個月內以書面向法院為之。並以書面通知因其拋棄而應為繼承之人。但不能通知者，不在此限。」

因此當親人死亡時，首先應注意自己是否為繼承人，再應了解死者是否留下債務，如果有留下龐大債務時，必須要在限期內向法院聲請拋棄繼承，再依法做相關程序，才能避免承受該筆債務。但值得注意的是，很多民眾以為拋棄繼承係指將死者之債務

予以拋棄，但所謂拋棄繼承權係指全部拋棄而言，如為一部拋棄，即不生拋棄之效力，因此在聲請拋棄繼承前，實應將遺產中財產上之權利及義務計算清楚，再決定應拋棄繼承或限定繼承，還是繼承全部的遺產。茲將拋棄繼承之程序簡單說明如下：

壹、繼承人

依民法第 1138 條之規定，遺產繼承人，除配偶外，依下列順序而定之：

(一) 直系血親卑親屬（子女、孫（外孫）子女、曾孫（外曾孫）子女）。

(二) 父母（不含繼父母）

(三) 兄弟姊妹（含同父異母、同母異父兄弟姊妹，但其子女無繼承權）。

(四) 祖父母（含外祖父母）。

配偶與各順序繼承人是共同繼承的。假設甲的繼承人有妻（乙）、二個兒子（丙、丁、戊），四人本應共同繼承甲之遺產，當丙、丁、戊均拋棄繼承權時，由配偶乙單獨繼承；若配偶乙拋棄繼承權者，則由丙、丁、戊繼承，倘若丙在繼承前已死亡者，則由丙之子女代位繼承。順位在前之繼承人繼承後，後順位之繼承人便無繼承之問題，若繼承順位在前之繼承人全部拋棄繼承時，則順位在後者便成為應繼承之人。為使因他人拋棄繼承而成為繼承人之人亦有機會辦理拋棄繼承之手續，民法也有規定後順

位的人，自知悉其成為繼承人之時起算二個月內得辦理拋棄繼承之手續。為免權利狀態不明之時間遷延過久，所以拋棄繼承之人須以書面通知因拋棄而應為繼承之人。

由於法院要求當事人聲請拋棄繼承時，應附上通知因拋棄而應為繼承之人之「書面」，列為審查准許與否之必要文件，因此，為使辦理之程序順暢，應先發出通知之書面（一般都以存證信函為之），並將該書面一併附入聲請狀作為證據之一為妥。

貳、辦理期限

民法規定繼承人應於知悉其得繼承之時起二個月內為之。所謂「知悉得繼承之時」指知悉被繼承人死亡事實之時；後順序之繼承人因先順序之繼承人拋棄繼承，而得為繼承人者，則於知悉先順序繼承人拋棄繼承之事實起算。

參、辦理方法

繼承人須撰述一份「拋棄繼承聲請書」向法院聲請，並以存證信函通知因其拋棄而應為繼承之人（如死者之配偶及子女通知孫子），而將存證信函之回執作為拋棄繼承聲請書之附件。若繼承人在國外住居時，則應將其拋棄之意思作成書面（拋棄繼承權書及授權書）至中華民國駐該外國使領館或相當機構公證或認證後，隨拋棄繼承權聲請狀補陳法院。

肆、拋棄繼承與限定繼承之差別

一、意義不同

拋棄繼承是指繼承人於繼承開始後,依法定法式所為與繼承立於無關係地位之意思表示。限定繼承是指繼承人限定以因繼承所得之遺產,償還被繼承人債務之意思表示。

二、身分不同

繼承人拋棄繼承後,成為與繼承豪無關係之第三人。限定繼承後,繼承人之身份並未改變。

三、程序不同

拋棄繼承之程序以如前述。繼承人要辦理限定繼承者,應開具遺產清冊,再呈報法院。「遺產清冊」是指已包含死者所有權利義務之遺產所編製之財產目錄。繼承人呈報法院後,法院將依公示催告程序命債權人於一定期限內報明其債權。

四、期間不同

拋棄繼承程序應於知悉其得繼承之時起二個月內為之。限定繼承程序則是自繼承開始時起三個月內為之,但法院因繼承人之聲請,認為有必要時得延展之。

五、效果不同

　　拋棄繼承之效果僅即於聲請拋棄之人，對其他繼承人不生影響。繼承人中之一人主張限定繼承時，其他繼承人視為同為限定之繼承。就拋棄繼承部分加以說明。由於我國的繼承制度採當然繼承主義，於被繼承人死亡時，繼承人無需為任何表示，即自動繼承被繼承人之一切權利義務。除被繼承人之侵權、因侵害名譽而請求之精神慰撫金等，只能獨享不得繼承之權利義務，不在繼承範圍內之外，其他如汽車、股票、土地、房屋、商標權、專利權、著作權等，均為繼承之標的，而被繼承人生前之負債、作為或不作為義務，亦當然由繼承人繼承。立法者因顧慮繼承人所繼承之債務數額大於遺產，於遺產清償後之不足額，繼承人將以其自身財產為之清償，對於繼承人未免過苛，故特設民法限定繼承與拋棄繼承制度，讓繼承人得斟酌被繼承人財產狀況，決定適當之繼承責任，以維自身利益。

　　目前經常發生有人在發生意外或自殺身亡後，其家屬因不知其有銀行債務，而未辦理拋棄繼承手續，以致收到法院通知時，早已逾聲請之法定期間，而無辜背負龐大債務之案例。因此在家屬過世的同時，除了感傷及哀悼外，應立即調查死者有無債權債務，以維護自身權益。

伍、特殊案例

　　一、甲於民國八十九年七月一日死亡，其大陸地區繼承人未
　　　　依規定向我國法院聲明繼承，惟於同年八月五日即具狀

向管轄法院表示要拋棄繼承，問法院如何處理？實務上
認為應予以准許。按大陸地區人民繼承臺灣地區人民之
遺產，應於繼承開始三年內以書面向被繼承人住所地之
法院為繼承之表示；逾期視為拋棄繼承。此規定僅係解
免被視為拋棄繼承之情勢，並非於為繼承表示時始取得
繼承遺產之權利，亦並未限制大陸地區人民不得為繼承
權之拋棄（最高法院八十三年度台上字第三五五號、八
十四年度台上字第九八三號裁判要旨、司法院八十三年
七月十二日拑秘台廳民三字第一一九四九號函釋要旨
參）。甲於民國八十九年七月一日死亡，其大陸地區繼
承人雖未向我國法院聲明繼承，惟因其大陸地區繼承人
已當然取得繼承權，則其於同年八月五日即具狀向管轄
法院表示拋棄繼承，自應准許。

二、甲於生病其間，因擔心其子乙將來要繼承其龐大債務，
因此要求乙立即辦理拋棄繼承之手續。甲於乙完成書面
通知其他繼承人並向管轄法院遞狀後病逝，則乙之拋棄
繼承之手續是否有效？查拋棄繼承應於繼承人知悉其
得繼承之時起二個月內以書面向法院為之，此為拋棄繼
承法定必備之方式，如不依法定要式為之，自屬無效（民
法第 73 條、第 1174 條及最高法院 23 年上字第二六八
三號判例意旨參照）。乙於繼承開始前就應繼承財產為
拋棄繼承之意思表示，與前述拋棄繼承之法定要件不
合，因此不生合法拋棄繼承之效力。

三、甲為乙之債權人，當乙向法院聲請拋棄繼承時，甲因認
為乙之行為有害及其債權，則甲可否依民法第 244 條之

規定聲請法院撤銷？按七十三年第二次民事庭會議決議，甲不得撤銷之。由於「民法第 244 條所賦予債權人之撤銷權，是以債務人所為非以其人格上之法益為基礎之財產上行為為限，繼承權是以人格上之法益為基礎，且拋棄效果，不僅不承受被繼承人之財產上權利，亦不承受被繼承人財產上之義務，故繼承權之拋棄，縱有害及債權，仍不許債權人撤銷之」。

陸、拋棄繼承聲明書範例

見 134 頁。

柒、向法院提出民事書狀聲明拋棄繼承範例

見 135 頁。

聲明書（範例）

　　緣被繼承人〇〇〇於民國〇〇年〇〇月〇〇日去世，聲明人等為其直系血親卑親屬及配偶而依法為第一順位之繼承人，惟因聲明人等無意繼承被繼承人之一切權利及義務，是特此聲明拋棄繼承權。

立聲明書人：〇〇〇（簽名、蓋印鑑章）
　　　　　　〇〇〇（簽名、蓋印鑑章）
　　　　　　〇〇〇（簽名、蓋印鑑章）

民事拋棄繼承聲明狀

聲明人（即繼承人） ○○○ ○○縣○○市○○路○○號

○○○ 同 上

○○○ ○○縣○○市○○路○○號

為具狀聲明拋棄繼承事

　　緣，被繼承人○○○於民國××年××月××日死亡，聲明人○○係被繼承人之配偶，○○○及○○○二人則為被繼承人之子，聲明人等為被繼承人之第一順位繼承人，惟查，被繼承人○○○生前似曾向地下錢莊借貸不明數額之金錢，因而時有債權人上門找尋要求清償，致聲明人等困擾叢生，倘進行清償亦不知其金額上限多寡，且勢將影響原本小康之生活而致頓陷困境，是以聲明人等即有於法定二個月之期間內具狀聲明拋棄繼承，藉以免除繼承債務之必要，爰提呈被繼承人除戶謄本及聲明人等之戶籍謄本（證一），並檢具拋棄繼承聲明書（證二）、繼承系統表（證三）及已向因拋棄繼承而為應繼承之人通知之存證信函乙份（證四），狀請鈞院鑒核，賜准予備查拋棄繼承之聲明，實為德便。

證據：

證一：戶籍謄本及除戶謄本正本三份。

證二：拋棄繼承聲明書。

證三：繼承系統表。

證四：存證信函乙份。

　　謹　　狀

台灣□□地方法院　民事庭　公鑒

　　　　中華民國××年××月××日

　　　　　　　　　　　　具狀人：○○○
　　　　　　　　　　　　　　　　○○○
　　　　　　　　　　　　　　　　○○○

第十九章 債務清償保證及人事保證

稱保證者，謂當事人約定，一方於他方之債務人不履行債務時，由其代負履行責任之契約。所謂人事保證，就是當事人三方約定，一方（保證人）向他方（僱主）保證，就受僱人未來若因工作或職務上之行為，而對他人為損害賠償時，由其代付賠償責任之保證約定。

壹、保證人釋義

人事保證之保證人，以僱主不能依他項方式受賠償者為限，負保證人之責任。也就是說，僱主能以其他方法獲得賠償者，或已由受僱人或第三人提供不動產，就受僱人職務上行為所生之損害，為僱主設定有抵押權等，自然應先要求僱主依該方法求償；於有不能受償或不定受償時，再令保證人負其責任。

貳、保證人之權力與義務

一、保證人於立債務人不履行其債務時，代付履行債務之義
務。債權人對立債務人請求履行之行為，對保證人亦同
生效力。

二、保證人得對債務人行使主張主債務人抗辯權之權力；亦
乃主債務人所有之抗辯，保證人得主張之，縱主債務人
拋棄其抗辯權者，保證人仍得主張之。

三、保證人得拒絕清償之權利，但保證人對於因行為能力之
欠缺而無效之債務，知其情勢而為保證者，其保證仍為
有效。

參、保證責任除去請求權

保證人受主債務人之委任而為保證者，有左列各款情形之一
時，得向主債務人請求除去其保證責任：

一、主債務人之財產顯形減少者。

二、保證契約成立後，主債務人之住所、營業所或居所有變
更，致向其請求清償發生困難者。

三、主債務人履行債務遲延者。

四、債權人依確定判決得令保證人清償者。

主債務未屆清償期者，主債務人得提出相當擔保於保證人，
以代保證責任之除去。

肆、保證之範圍與執行要項

保證債務，除當事人間契約另有定訂外，包括主債務之利息、違約金、損害賠償，及其他從屬於主債務之負擔。

一、人事保證係以保證人之信用為基礎。且以受僱人有能力及其與僱主之僱傭關係存在為前提。因之，人事保證亦有其消滅之法規定：

(一) 保證之其程屆滿時。

(二) 保證人死亡破產或喪失行為能力時。

(三) 受僱人死亡破產或喪失行為能力時。

(四) 受僱人之僱傭關係不存在時。

二、人事保證約定之期間，不得超過三年。超過三年期間者、縮短為三年。人事保證未定期間者，自成立之日起有效期間為三年。

三、就保證人之請求權時效二年，不行使而消滅。主在避免保證人負擔之責任持續過長。

四、保證人受下列通知或知有下列情形者，得終止契約。若有下列情形之發生，僱主應即通知保證人：

(一) 僱主依法終止僱傭關係（契約），而其中指示由有發生於保證人責任之虞者。

(二) 受僱人因工作上之行為對僱主負有損害賠償責任，並經雇主向受僱人行使權力者。

(三) 僱主變更受僱人之工作或時間、地點，致加重保證人責任或使其難於注意者。

(四) 若有上列情形之一發生，僱主未依法通知保證人者，或僱主對受僱人之監督有疏懈者，法院得減輕或免除保證人之賠償責任。

伍、保證責任之消滅

一、於主債務消滅時，保證責任亦隨主債務之消滅而同時消滅。

二、債權人拋棄為其債權擔保之物權者，保證人就債權人所拋棄之權力限度內，不負擔責任。

三、約定期限內保證者，債權人於其期限內，對保證人不為審判上之請求，保證人免除責任。

四、未定期間者，保證人於主債務清償期屆滿後，得定一個月以上之相當期限，催告債權人於其期限內，向主債務人為審判上之請求。債權人不於前項期限內向主債務人為審判上之請求者，保證人免其責任。

五、債權人未經保證人同意者，而同意允許主債務延期清償時，保證人免其責任。

六、人事保證未定期間者，保證人得隨時終止契約。前項終止契約，應於三個月前通知僱用人。但當事人約定較短之期間者，從其約定。

陸、法條援引參考

一、民法第 756 條之 2（保證人之賠償責任）

人事保證之保證人，以僱用人不能依他項方法受賠償者為限，負其責任。保證人依前項規定負賠償責任時，除法律另有規定或契約另有訂定外，其賠償金額以賠償事故發生時，受僱人當年可得報酬之總額為限。

二、民法第 743 條（無效債務之保證）

保證人對於因行為能力之欠缺而無效之債務，如知其情事而為保證者，其保證仍為有效。

三、民法第 744 條（保證人之拒絕清償權）

主債務人就其債之發生原因之法律行為有撤銷權者，保證人對於債權人，得拒絕清償。

四、民法第 745 條（先訴抗辯權）

保證人於債權人未就主債務人之財產強制執行而無效果前，對於債權人得拒絕清償。

五、民法第 747 條（請求履行及中斷時效之效力）

向主債務人請求履行，及為其他中斷時效之行為，對於保證人亦生效力。

六、民法第 749 條（保證人之代位權）

保證人向債權人為清償後，於其清償之限度內，承受債權人對於主債務人之債權。但不得有害於債權人之利益。

七、民法第 754 條（連續發生債務保證之終止）

就連續發生之債務為保證而未定有期間者，保證人得隨時通知債權人終止保證契約。

前項情形，保證人對於通知到達債權人後所發生主債務人之債務，不負保證責任。

柒、案例爰引參考

最高法院 18 年度上字第 1422 號判例：

一、債權債務之主體以締結契約之當事人為準，故凡以自己名義結約為債務之負擔者，無論其實際享用債權金額之人為何人，當然應由締結契約之當事人負歸償之責。

二、金錢之借貸本可僅憑個人信用，並不以有保證人及抵押
　　品為契約成立要件。

※※※

最高法院 21 年度上字第 114 號判例：

　　借用人向貸與人所述借用金錢之緣由，是否屬實，借用人就
其所借得之金錢作何用途，均與消費借貸契約之成立無關。

※※※

最高法院判例：

裁判字號：上字第 715 號

裁判日期：民國 17 年 01 月 01 日

資料來源：最高法院判例要旨（上冊）第 331 頁

相關法條：民法第 739 條

要　　旨：

　　合法成立之保證債務，苟無正當免除責任之原因，則於主債
務人無力清償之時，債權人無論何時得向保證人請求清償債務，
並不因債權人不即行使權利，而遂生義務消滅之效力。

※※※

最高法院判例：

裁判字號：上字第 159 號

裁判日期：民國 19 年 01 月 01 日

資料來源：最高法院判例要旨（上冊）第 331 頁

相關法條：民法第 739 條

要　　旨：

　　保證人之責任，須主債務人不履行債務時，始代為履行。

　　甲向乙借錢，找了丙當保證人及丁提供的 A 地設定抵押權，於債權已屆清償期，甲未為清償，乙可向誰求償，是丙還是丁？若丙清償債務，則可向誰求償？若丁清償債務，則可向誰求償？（包括向主債務人甲及保證人與物上保證人間的求償問題，到底是誰有清償代位）。

　　若上述中，乙為父親，甲為乙的兒子，借錢時找了乙的配偶也就是甲的母親當保證人，及甲的哥哥提供 A 地設定抵押權，之後乙死亡，甲，丙，丁三人均為民法第 1138 條規定的法定繼承人，請問此時甲，丙，丁間的債務人，保證人及物上保證人關係如何？

　　就法律規定，甲不為清償時，依民法第 739 條之規定，由保證人代為清償，亦可對丁所提供之擔保物為變價後清償債物。

　　首先先說其關係，就保證契約存在於乙丙之間，雖然保證契約是從契約，其與主契約是不同的契約，就抵押權是丁設定於乙，所以是丁、乙之間的事。若丁清償後，是不能對丙請求？依民法第 879 條及 23 年上字 3201，是不能對丙請求，只能對甲請求，因民法第 879 條規定是求償權，而非將債權移轉致丁，且保證契約存在丙乙之間，所以丁對丙無求償權，只能對甲求償。

　　若丙清償後，依民法 749 條及 18 年上字 1561 號，丙不僅能對甲求償，亦得向丁求償，因民法 749 條之規定，丙承受甲之債權，而其債權是法定債之移轉，所有債權之擔保及其他從權利，

亦一併移轉於保證人，又因民法第 870 條之規定，抵押權，不得由債權分離而為讓與，或為其他債權之擔保，因其債權之擔保權利，亦一併移轉於保證人，並無不妥。

乙死亡後，乙之債權均分於甲、丙、丁三人，就甲部分因債權及債務同為一人，因混同而消滅。保證債繼承人亦為繼承，故丙保證移轉甲、丙、丁，但甲因混同而無債權，丙因債權與保證人同為一，其保證而無實益，故丙只須就丁之繼承債權範圍為保證，就丁的部分其抵押權不受影響，因抵押權未經塗銷，仍存在；其僅發生是否對變換後之價金，是否有請求權。即成為丙、丁互為保證，亦為債權人，故保證契約及抵押權同存在。

※※※

2000 年 5 月國有企業 S 市糖廠由於經營管理不善，不能清償到期債，糖廠廠長決定向原企業所在區的民眾法院申請宣告破產，法院在征得其上級主管部門同意並受理後，決定由糖廠廠長召集並主持債權人會議，該企業的最大債權人是 A 市的捷訊公司，法院指定有財產擔保，未放棄優先受償權的債權人甲某擔任債權人會議主席。並裁定糖廠所有的債務保證人，無為債權人會議成員享有表決權。後經占無財產擔保債權總額的 1/5 以上的債權人請求，法院召開了第二次債權人會議。此後經一段時間的審理，法院作出裁定宣告該國有企業破產，破產企業由其上級主管部門接管並進行清算。

一、國有破產程序中有以下幾處不合法：

（一）廠長自行申請企業破產不合法。

(二) 由糖廠廠長召集並主持債權會議不合法。

(三) 由潘某擔任債權人會議主席不合法。

(四) 所有的保證人均為債權人會議成員，享有表決權不
　　　合法。

(五) 法院召開第二次債權會議的程序不合法

(六) 由破產企業上級主管部門主持清算活動不合法。

　　法律分析：透過這個案例我們要了解國有企業的破產程序。
本案例中，該國有企業破產過程中，有下述幾處違法的。

　　　(一) 根據《企業破產法（試行）》第 8 條規定：「債務人
　　　　　經其上級主管部門同意後，可以申請宣告破產。」所
　　　　　以本案中，作為國有企業的糖廠要申請宣告企業破
　　　　　產，應先經其上級主管部門同意，才可以申請宣告破
　　　　　產，而不應自行向法院提出申請。

　　　(二) 根據《企業破產法（試行）》第 14 條規定：「第一次
　　　　　債權人會議由民眾法院召集，應當在債權申報期限屆
　　　　　滿後 15 日內召開。以後的債權人會議在民眾法院或
　　　　　者會議主席認為必要時召開，也可以在清算組或者占
　　　　　無財產擔保債權額的 1/4 以上的債權人要求時召開。」
　　　　　所以，本案中由破產企業廠長主持、召集債權人會議
　　　　　是不合法的，法院應占無財產擔保債權總額的 1/5 以
　　　　　上的債權人要求召開債權人會議，也於法不合。

　　　(三) 根據《企業破產法（試行）》第 13 條第 2 款的規定；
　　　　　「債權人會議主席由民眾法院從有表決權的債權中
　　　　　指定。」而本案中，作為債權人會議主席的潘某是有

財產擔保而又未放棄優先受償權的債權人，在會議中是沒有表決權的，所以也就不能成為債權人會議主席。

(四) 依《企業破產法（試行）》第 13 條第 1 款之規定，債務人的保證人在代替債務人清償債務後可以作為債權人，享有表決權，所以本案中，不區分各個保證人的情況，統統作為債權人會議成員並享有表決權，是欠妥當的。

(五) 同(二)。

(六) 根據《企業破產法（試行）》第 24 條規定：「民眾法院應當自宣告企業破產之日起 15 日內成立清算組，接管破產企業。」而本案中，破產企業由其上級主管部門接管並進行清算活動，是不合法的。清算組成員應由民眾法院從企業上級主管部門，政府財政廳門等有關部門和專業人中指定。清算組對民眾法院負責並且報告工作。※破產法兼具實體法與程序法雙重特徵，應注意複習其程序規定。透過本題作答，考生應對破產程序有一個基本的印象：國有企業申請宣告破產，應首先經其上級主管部門同意，之後向有管轄權的民眾法院提出申請。法院受理後，依法發出公告，通知債權人申報債權，由全體債權人組成債權人會議。並由債務人的上級主管部門提出對該企業進行整頓的申請。整頓如期完成，破產程序終止，整頓不成功，則由法院宣告企業破產，組成清算組，對破產企業的財產，債權進行清理，按破產清償順序對有關債權人進行清償，結束破產程序。

第二十章

債務清償確認本票債權不存在

　　由於被告○○○○○國際資融股份有限公司（下稱被告）主張，原告○○○先生（下稱原告）於 94 年 7 月間以其自用小客車乙輛向被告辦理汽車貸款，並簽發新台幣 28 萬元整本票乙紙，且已向監理單位辦理動產抵押設定，因原告未於契約規定的時間內正常付款，故被告為保障自己的債權，即於 94 年 9 月間寄發存證信函催告原告，告知若未按時交款則將自用小客車依法取回。惟原告自始自終皆無向被告申辦汽車貸款、動產抵押等，原告方知自己的身分證件及印章被盜用。

勝訴關鍵：

　　原告○○○先生對於本票交付被告時，是否為原告本身所簽發？按本票本身是否真實，即是否為原告（即發票人）所簽發，應由被告（即執有本票之人）負證明之責（參照最高法院 50 年台上字第 1695 號判例），故原告（發票人）主張本票是被偽造或變造，按非訟事件法第 195 條第 1 項規定，對被告（執票人）提起確認本票是被偽造或本票債權不存在之訴訟，應由被告（執票人）就本票為真正之事實，先負證明責任（舉證責任）。經查，兩造

對於上述的本票是否為偽造或變造，於開庭時（賈先生）之簽名及蓋章並非其所為（既不爭執是偽造的本票）。則被告對本票是否為原告所簽發，自應先負證明責任（舉證責任），被告對於本票為原告所簽發，並不能具體說明舉證其說，故不被法院所採信。

※※※

案例：

台中地方法院民事判決

94 年訴字第 987 號

委任人甲小姐先前因急需現金，曾向乙先生開設之○○商行陸續借貸金錢約有新台幣（以下同）六十萬元，並且開立以甲小姐為發票人，票面金額六十萬元之本票乙紙予乙先生，以為擔保上開債權。爾後，甲小姐央請其朋友丙小姐開立票面金額六十萬元之支票乙紙，用以清償上開借款債務。惟當時甲小姐疏未取回系爭本票。未久，前開支票因故未獲兌現，乙先生即向法院聲請對丙小姐發支付命令。嗣後雙方達成和解，同意以四十萬元清償該支票債權。事實至此原本應當落幕。未料，乙先生竟將系爭本票背書轉讓與丁先生，丁先生即對發票人甲小姐聲請強制執行。

勝訴關鍵：

一、系爭本票債權是否業經清償而消滅？

　　亦即甲小姐央請其朋友丙小姐開立支票清償對乙先生的債務，嗣後支票雖未兌現，但是丙小姐與乙先生間已達成和解。則可否以此一清償事實認為甲小姐的本票債務亦已經清償而消滅？本案觀諸證人與甲小姐於言詞辯論時之陳述，可知甲小姐與乙先生之間的系爭本票債務，與丙小姐和乙先生間已達成和解並代償完畢之債務，確係同一筆消費借貸關係。因此，甲小姐之債務已經清償而消滅。

二、乙先生將本票轉讓給丁先生，是屬於期後背書

　　按票據法第41條第1項規定：「到期日後之背書，僅有通常債權轉讓之效力。」則期後背書既僅有通常債權讓與之效力，則該背書之權利移轉效力，應適用「後手繼受前手瑕疵」之原則，即票據債務人對於各該期後背書人所具之抗辯事由，均得以對抗最後之背書人或執票人，執票人縱屬善意，亦不例外。因此，本案乙先生在本票到期日後，將本票背書轉讓與丁先生，係屬期後背書，不論丁先生取得票據是否為善意？依法均須繼受其前手（即乙先生）之瑕疵。故甲小姐對於丁先生之本票付款請求，自得以系爭本票債權已經丙小姐清償而消滅為由，拒絕對丁先生清償。

三、甲小姐是否可以請求丁先生將本票交還？

　　按票據法第100條第1項規定：「匯票債務人為清償時，執票人應交出匯票，有拒絕證書時，應一併交出。」此規定於本票亦準用之，票據法第124條定有明文。然此僅指票據債務人清償時，執票人應交出票據而言。亦

即倘票據債務人非對執票人清償時，執票人自無交出票據之義務。本案甲小姐非對丁先生為清償行為，丁先生自無向甲小姐返還票據之義務。而且丁先生所須繼受者，僅系爭本票債權已因清償而消滅而已，至於本票之返還，非在繼受範圍內。

債權債務清償協議書範例

　　茲有債權人○○○與債務人○○○間；因資金調度所衍生之債權債務紛爭，經債權、債務人於雙方中間人見證會商下，合意簽立本債權債務清償和解書後，即具法律契約效力，期互本誠信踐履遵循之。

壹、債務金額確認：

　　債權債務人於××年××月××日在雙方中間人共同會商見證下，合意就新台幣×××××××萬元之債務，折以新台幣×××××××元整，為實際總債務清償款。

貳、債務清償約定：

　　一、債務人於簽立本債權債務清償和解書同時，於雙方中間人見證下，親交現金新台幣×××××××元整予債權人，以為債務人清償債權人之債務款。

　　二、總債務尾款新台幣×××××××元，雙方合意由債務人開立商業本票共計××張，於××日前逐期電匯予債權人銀行帳戶清償之。

　　（依匯款單為憑～債權人應於收款次日掛號寄回該張本票）

　　三、債權人銀行帳戶×××銀行××分行×××××××××××××帳號。

參、法律約定事項：

　　一、債權、債務人於本契約簽立之同時，雙方先前所立之各
　　　　項契約、協議、記事、書函、文件、表報……等皆同時
　　　　失效作廢。

　　二、債權人不得再藉任何事由破壞本契約所列清償約定之施
　　　　行；債務人亦應確遵清償約定事項遵行之。雙方並於簽
　　　　立本協議書日起，對彼方放棄一切民、刑事之先訴抗
　　　　辯權。

肆、委任聲明：

　　債權債務人雙方分別委請及為見證人，依憑見證債權債務人
雙方，就本和解書之親簽，特此聲明之。

伍、清償和解書簽立人：

　　本債權債務清償協議書乙式×頁、共計×份，分由債權、債
務人及見證人各執乙份依憑；並經債權、債務人多次會商，且於
雙方見證人見證下，確認合意親簽本清償和解書後，即具法律契
約效力。雙方期本誠信，踐屨遵行之。

　　　　　　　　　債權人：　　　　見證人：

　　　　　　　　　債務人：　　　　見證人：

　　　　　中華民國　×××年××月××日

第二十二章

債務清償協議和解書範例

　　茲有債權人〇〇〇（以下簡稱甲方）與債務人〇〇〇（以下簡稱乙方）間；因××××所衍生之債權債務紛爭，雙方於00.00.00 日經會商協議並在見證人見證下，合意簽立本『債權債務清和償解書』後，即具法律契約效力，並互本誠信，踐履遵循之。

壹、債權債務金額確認：

　　雙方債務金額確認計新台幣：0 拾 0 萬 0 仟 0 佰 0 拾 0 元整。

貳、債務清償給付之約定：

　　一、乙方親交現金新台幣：0 萬 0 仟 0 佰 0 拾 0 元（NT$　　　　）整，以為清償甲方所代繳之 12 期車貸分期款～如附件一。

　　二、乙方親交現金新台幣：0 萬 0 仟 0 佰元（NT$　　　　）整，以為清償該車三年之牌照、燃料稅款含滯納金～如附件二。

　　三、乙方親交現金新台幣：0 萬 0 仟元（NT$　　　　）整，以為清償該車 0 年間違規之罰款含滯納金～如附件三。

　　四、乙方親交現金新台幣：0 拾 0 萬元（NT$　　　　）整，由甲方於三口內親為結清該車於××××人壽之車貸尾款～如附件四。

五、乙方親交現金新台幣：0 拾 0 萬 0 仟元（NT$　　　）
　　整～以甲方薪資 00.000 六個月計，以為此期程甲方精
　　神、名譽之賠償慰問金。

五、乙方親交現金新台幣 0 萬元（NT$00,000）整，以為此
　　期程甲方諮輔協談，與見證等勞務費。

參、法律約定事項：

　　一、甲、乙雙方於本和解書簽立之同時，雙方先前所立之各
　　　　項協議、書函、文件、表報……等，皆同時失效與作廢。

　　二、甲、乙雙方不得再藉任何事由，有流言或為騷擾彼方之
　　　　情事發生；若，因而造成彼方之困擾，該一方自行負責
　　　　所涉之民、刑事相關責任。

　　三、甲方並應於簽立本和解書三日內，據狀向台北市□□區
　　　　公所（調解），及台灣□□地方法院（刑訴），依法對乙
　　　　方撤回告訴。

肆、清償和解書簽立人：

　　本債權債務清償協議書乙式二頁、共計五份，分由債權、債
務人，及見證人各執乙份，並據呈台灣□□地方法院，及台北市
□□區公所憑辦。

　　　　　　　　　甲　　方（債務人）：

　　　　　　　　　乙　　方（債權人）：

　　　　　　　　　見　證　人：

　　　中華民國××××年××月××日

民事聲請狀

案　　號：××××年度　字第　　　號

股　　別：〇股

聲請人（亦即原告）：〇〇〇　　　　（詳　卷）

為依法提呈撤回起訴事！

一、就被告人〇〇〇與原告（亦即聲請人）〇〇〇間，經雙方家長（亦即輔佐人）見證協商下；雙方本於摯誠及予被告自新之考量，業已於 00.00.00 日達成和解之約定～如附證。故，顯已無續為訴訟之必要！

二、今依民事訴訟法要義，依法提呈撤回告訴之聲請；懇請鈞院　賜准，以予被告改過自新之機會，是所致禱！

　　　謹　　狀

台灣□□地方法院　民事庭　公鑒

　　　　　　　中華民國　　年　　月　　日

　　　　　　　　　　具狀人：

受文者：台北市○○區公所／調解委員會

案　號：××××年度 字第　　　號

聲請人（亦即告訴人）：○○○　　　　（詳　卷）

為依法提呈撤回調解聲請事！

　　緣，就調解聲請人○○○與相對人○○○間，經雙方家長（亦即輔佐人）見證協商下；雙方本於摯誠及予被告自新之考量，業已於 00.00.00 日達成和解之約定～如附件；故，實顯已無續為調解之必要，今依法提呈撤回調解之聲請！

謹　　呈

台北市□□區公所／調解委員會　公鑒

　　　　　　　中華民國　　年　　月　　日

　　　　　　　　　　　　　　　　聲請人：○○○

和解書

和解時間	00、00、00 □下午 00：00 時
和解地點	○○縣○○路○○巷○○號○樓
和解當事人	甲方：○○○　　乙方：○○○
事由	茲就甲、乙雙方車禍損害賠償事，依台灣□□地方法院 00.00.00 日，××××年度 0 字第××××號，支付命令確定書；甲方應給付乙方修車費計新台幣 00,000 元，並自 00、00 月起至清償日止法定 5% 利息，並應負擔本件訴訟費用之全部。
和解約定條件備註	一、茲鑒於事出意外，經甲、乙雙方協商合意以和解結案；並由甲方賠付乙方新台幣 00,000 元整（含法院程序費用與委撰狀費；法定利息乙方放棄索取）。 二、嗣後，乙方或任何其他人不得再向甲方要求其它賠償，與再有異議及民、刑事等之追訴。本和解條件，經甲乙雙方合意遵守，特立此和解書為憑。本和解書除甲、乙雙方及見證人各執乙份，並陳報台灣□□地方法院乙份，依憑撤回訴狀。
立和解書人	甲方姓名：○○○ 聯絡地址： 乙方姓名：○○○ 聯絡地址： 見　證　人：○○○ 　　　　中華民國××××年××月××日

第四編

法令暨法規彙編

第二十三章

常用法律名詞釋義

一、實體法

實體法，係在規定權利義務之發生與變化，及其之消滅（如：民法、刑法）。

二、程序法

程序法，係在規定權利義務所應遵循之正當程序（如：民事訴訟法、刑事訴訟法）。

三、公法與私法

(一) 以規定國家組織，及基於公權力上下支配關係為內容者，為公法（如：組織法、刑法、刑事訴訟法……等）。

(二) 以規定私人間或私人與公法人間，基於平等地位之權利，與義務為內容者為司法（如：民法、海商法、保險法……等）。

(三) 公法與私法主要在其救濟程序不同。公法案件其訴訟之發動，多由檢察官介入，而由行政機關管轄。司法案件多由私人發動，而由司法院管轄。

四、憲法與法律

(一) 憲法是國家的構成法，是人民權利的保障基本。憲法是國家根本大法，也是一切法律的母法。因之，法律、命令有牴觸憲法者均為無效。

(二) 法律，係指經立法院通過，總統公佈之制定法。

五、法規命令

(一) 法規命令，為行政機關基於法律授權，對多數不特定人民，就一般事項所做，能發生公法上效果之細部施行之規範（如：財政部依保險法規定策頒保險業務員管理規則……）。

(二) 法規命令，因執行法律之需要或因補充法律之不足而策頒。

(三) 法規命令，不須經立法機關之決議，但不得逾越法律授權範圍與立法精神，更不得違反憲法或法律。

六、行政處分

行政處分，是法規命令的一種，是行政機關處理具體事件所為的決定或其他公權利措施，而對外直接發生法律效果的單方行政行為。

七、解釋與判例

(一) 解釋，包括司法院所為之解釋，及大法官會議所為之解釋，均有拘束全國各級法院，各機關及人民效力。

(二) 判例，指裁判之先例，也就是法院裁判某一訴訟案件之法律見解，常被引為其後相同或相似案件裁判的依據，則該裁判之法律見解及為判例。

(三) 判例，乃司法院彙整最高法院與行政法院之裁判核編之判例要旨而言。判例雖無法律上之拘束力，但有事實上之拘束力。亦就是下級法院多依照上級法院判例之見解而為裁判，以免該案件因檢察官或當事人提起上訴而被上級法院撤銷或廢棄。

八、請求權

(一) 請求權，即要求債務人作為或不作為之權利。

(二) 請求權行使之對象是債務人，而非標的物。因此，即便債務人所應給付之內容是物，在債務人為交付之前，債務人對於該物仍無直接支配力。

九、抗辯權

(一) 抗辯權，是對抗權利人行使權力的權利。

(二) 永久性抗辯權一經抗辯人拒絕給付，權利人之權利即永久不得請求（如：時效消滅……）。

(三) 暫時性抗辯權一經抗辯人行使，即一時不得給付，須待抗辯之原因消滅後，始得再行請求（如：因契約戶負債權……）。

十、類推適用

類推適用，即係對於法律所未規定之事項，援引其它類似之法律規定，加以適用（民法上可審慎採用，但於刑法上基於罪刑法定主義原則，嚴格禁用）。

十一、雙務契約

契約依其法律效果，是否使各當事人互負對價關係為標準。凡法律效果有對價關係者，稱為雙務契約（如：買賣租賃……）。若僅當事人一方負債務，彼此債務並無對價關係即為單務契約（如：贈與、保證、借貸……）。

十二、利息與利率

(一) 利息以發生原因之不同，還分有約定利息及法定利息二種。約定利息係依當事人合意而發生。若利息約定時未約定利率時，則依法定週年利率 5% 計算其利息。

(二) 利率是計算利息之標準。約定利率若超過週年利率 20% 者，債權人對於超過部份之利息，無請求權。約定利率超過 12% 者，經一年後，債務人得隨時清償原本。

(三) 複利，乃將債務人未清償之利息，滾入原本再生之利息。法律上原則上禁止。但當事人以書面約定，利息遲付一年後，經催告而不償還時，債權人得將遲付之利息滾入原本者，依其規定。

十三、侵權行為

(一) 因故意或過失，或故意以背於善良風俗之方法，不法侵害他人之權利者，負損害賠償責任。

(二) 而不法侵害他人之身體、健康、名譽、信用、隱私、貞操，或不法侵害他人人格法益而情節重大者，被害人雖非財產上之損害，亦得請求賠償相當之金額。其名譽被侵害者，並得請求回復名譽之適當處分。

十四、人格權

人格權是存在於權利人自己的人格上的權利，與全力主體互相結合具有專屬權之性質，如：生命名譽自由姓名健康……等，舉乃凡有關於人在價值及尊嚴者均屬之。

十五、法人

(一) 乃自然人以外，由法律賦予權利能力之社會組織體；如：公司、基金會、社會團體等。

(二) 以人為基礎成立者為社團法人；以財產為基礎成立者為
　　財團團法人。

第二十四章

鄉鎮公所調解條例

第一條（調解委員會設置及任務）

　　鄉、鎮、市公所應設調解委員會，辦理下列調解事件：

　　一、民事事件。

　　二、告訴乃論之刑事事件。

第二條（組織）

　　調解委員會由委員 7 至 15 人組織之，並互選一人為主席。

　　鄉、鎮、市行政區域遼闊、人口眾多或事務較繁者，其委員名額得由縣政府酌增之。但最多不得超過 25 人。

第三條（調解委員）

　　調解委員會委員（以下簡稱調解委員），由鄉、鎮、市長遴選鄉、鎮、市內具有法律或其他專業知識及信望素孚之公正人士，提出加倍人數後，並將其姓名、學歷及經歷等資料，分別函請管轄地方法院或其分院及地方法院或其分院檢察署共同審查，遴選符合資格之規定名額，報縣政府備查後聘任之，任期四年。連任續聘時亦同。

調解委員出缺時得補聘其缺額。但出缺人數達總人數 1/3 以上，而所餘任期在一年以上者，應予補聘。

前項補聘之任期均至原任期屆滿時為止。

調解委員中婦女名額不得少於 1/4。

第四條（不得為調解委員之情形）

有下列情形之一者，不得為調解委員：

一、曾犯貪污罪，經判刑確定者。

二、曾犯組織犯罪防制條例之罪，經提起公訴者。

三、曾犯前二款以外之罪，受有期徒刑以上之裁判確定者。但過失犯罪或受緩刑宣告或易科罰金者不在此限。

四、曾受保安處分或感訓處分之裁判確定者。

五、受破產宣告，尚未復權者。

六、受禁治產宣告，尚未撤銷者。

第五條（鄉鎮市長及民代不兼任原則）

鄉、鎮、市長及民意代表均不得兼任調解委員。

第六條（備查）

鄉、鎮、市公所應於聘任調解委員並選定主席後 14 日內，檢附第二條及第三條有關資料，分別函送縣政府、地方法院或其分院、地方法院或其分院檢察署備查，並函知當地警察機關。

第七條（開會人數）

調解委員會調解時，應有調解委員三人以上出席。但經兩造當事人之同意，得由調解委員一人逕行調解。

第八條（臨時主席）

調解委員會開會時，主席因故不能出席者，由調解委員互推一人為臨時主席。

第九條（解聘）

調解委員有第四條情形之一，或經通知而不出席調解全年達總次數 1/3 以上者，應予解聘。

前項解聘，應送縣政府、地方法院或其分院、地方法院或其分院檢察署備查，並函知當地警察機關。

第十條（調解聲請程序）

聲請調解，由當事人向調解委員會以書面或言詞為之。言詞聲請者，應製作筆錄；書面聲請者，應按他造人數提出繕本。

前項聲請，應表明調解事由及爭議情形。

第一條所定得調解事件已在第一審法院辯論終結者，不得聲請調解。

第十一條（聲請調解之要件）

聲請調解，民事事件應得當事人之同意；告訴乃論之刑事事件應得被害人之同意，始得進行調解。

第十二條（裁定移付調解之事件）

第一審法院得將下列事件，裁定移付調解委員會調解：

一、民事訴訟法第 403 條第 1 項規定之事件。

二、適宜調解之刑事附帶民事訴訟事件。

三、其他適宜調解之民事事件。

前項調解期間，訴訟程序停止進行。但調解委員會於受理移付後二個月內不成立調解者，調解委員會應將該事件函送法院，續行訴訟程序第一項裁定不得抗告。

第十三條（調解之管轄）

聲請調解事件之管轄如下：

一、兩造均在同一鄉、鎮、市居住者，由該鄉、鎮、市調解委員會調解。

二、兩造不在同一鄉、鎮、市居住者，民事事件由他造住、居所、營業所、事務所所在地，刑事事件由他造住、居所所在地或犯罪地之鄉、鎮、市調解委員會調解。

三、經兩造同意，並經接受聲請之鄉、鎮、市調解委員會同意者，得由該鄉、鎮、市調解委員會調解，不受前二款之限制。

第十四條（調解委員會之選定）

法院移付之調解事件，由被告住、居所、營業所、事務所所在地之調解委員會調解。但經兩造同意由其他調解委員會調解，並經該調解委員會同意者，不在此限。

第十五條（調解期日）

調解委員會接受當事人之聲請或法院之移付後，應即決定調解期日，通知當事人或其代理人到場。

前項由當事人聲請者，調解委員會並應將聲請書狀或言詞聲請筆錄繕本一併送達他造；法院移付者，法院應將兩造當事人於訴訟進行中之書狀影本移送調解委員會。

第一項調解期日應自受理聲請或移付之日起，不得逾 15 日。但當事人聲請延期者，得延長 10 日。

第十六條（委員迴避）

調解委員對於調解事項涉及本身或其同居家屬時，經當事人聲請，應行迴避。

第十七條（推舉列席人）

當事人兩造各得推舉 1 至 3 人列席協同調解。

第十八條（參加調解）

就調解事件有利害關係之第三人，經調解委員會之許可，得參加調解程序。調解委員會並得逕行通知其參加。

前項有利害關係之第三人，經雙方當事人及其本人之同意，得加入為當事人。

第十九條（保守秘密）

調解，由調解委員於當地鄉、鎮、市公所或其他適當之處所行之。調解程序不公開之，但當事人另有約定者，不在此限。

調解委員、列席協同調解人及經辦調解事務之人,對於調解事件,除已公開之事項外,應保守秘密。

第二十條(調解期日不到場)

當事人無正當理由於調解期日不到場者,視為調解不成立。但調解委員會認為有成立調解之望者,得另定調解期日。

第二十一條(審究事實及調查證據)

調解應審究事實真相及兩造爭議之所在;並得為必要之調查。調解委員會依本條例處理調解事件,得商請有關機關協助。

第二十二條(調解態度)

調解委員應本和平、懇切之態度,對當事人兩造為適當之勸導,並徵詢列席協同調解人之意見,就調解事件,酌擬公正合理辦法,力謀雙方之協和。

調解事件,對於當事人不得為任何處罰。

第二十三條(不收費原則)

調解,除勘驗費應由當事人核實開支外,不得徵收任何費用,或以任何名義收受報酬。

第二十四條(違法調解)

調解委員或列席協同調解之人,有以強暴、脅迫或詐術進行調解,阻止起訴、告訴或自訴,或其他涉嫌犯罪之行為,當事人得依法訴究。

第二十五條（調解書之製作）

調解成立時，調解委員會應作成調解書，記載下列事項，並由當事人及出席調解委員簽名、蓋章或按指印：

一、當事人或其法定代理人之姓名、性別、年齡、職業、住、居所。如有參加調解之利害關係人時，其姓名、性別、年齡、職業、居住所。

二、出席調解委員姓名及列席協同調解人之姓名、職業、住、居所。

三、調解事由。

四、調解成立之內容。

五、調解成立之場所。

六、調解成立之年、月、日。

前項調解書，調解委員會應於調解成立之日起三日內，報知鄉、鎮、市公所。

第二十六條（調解書審核）

鄉、鎮、市公所應於調解成立之日起十日內，將調解書及卷證送請移付或管轄之法院審核。

前項調解書，法院應儘速審核，認其應予核定者，應由法官簽名並蓋法院印信，除抽存一份外，併調解事件卷證發還鄉、鎮、市公所送達當事人。法院移付調解者，鄉、鎮、市公所應將送達證書影本函送移付之法院。

法院因調解內容牴觸法令、違背公共秩序或善良風俗或不能強制執行而未予核定者，應將其理由通知鄉、鎮、市公所。法院移付調解者，並應續行訴訟程序。

調解文書之送達，準用民事訴訟法關於送達之規定。

第二十七條（法院核定之效力）

調解經法院核定後，當事人就該事件不得再行起訴、告訴或自訴。經法院核定之民事調解，與民事確定判決有同一之效力；經法院核定之刑事調解，以給付金錢或其他代替物或有價證券之一定數量為標的者，其調解書得為執行名義。

第二十八條（法院核定之效力）

民事事件已繫屬於法院，在判決確定前，調解成立，並經法院核定者，訴訟終結。原告得於送達法院核定調解書之日起三個月內，向法院聲請退還已繳裁判費 1/3。

告訴乃論之刑事事件於偵查中或第一審法院辯論終結前，調解成立，並於調解書上記載當事人同意撤回意旨，經法院核定者，視為於調解成立時撤回告訴或自訴。

第二十九條（法院核定之效力）

因當事人聲請而成立之民事調解，經法院核定後有無效或得撤銷之原因者，當事人得向原核定法院提起宣告調解無效或撤銷調解之訴。

法院移付而成立之民事調解，經核定後，有無效或得撤銷之原因者，當事人得請求續行訴訟程序。

前二項規定，當事人應於法院核定之調解書送達後 30 日內為之。

民事訴訟法第 502 條及強制執行法第 18 條第 2 項規定，於第 1 項、第 2 項情形準用之。

第三十條（調解不成立之證明書）

調解不成立者，當事人得聲請調解委員會給與調解不成立之證明書。

前項證明書，應於聲請後 7 日內發給之。

法院移付調解之事件，經調解不成立者，調解委員會應即陳報移付之法院，並檢還該事件之全部卷證。

第三十一條（視為告訴）

告訴乃論之刑事事件由有告訴權之人聲請調解者，經調解不成立時，鄉、鎮、市公所依其向調解委員會提出之聲請，將調解事件移請該管檢察官偵查，並視為於聲請調解時已經告訴。

第三十二條（半年調解概況之備查）

鄉、鎮、市公所應於每年一月及七月，將前半年辦理調解業務之概況，分別函送縣政府、地方法院或其分院、地方法院或其分院檢察署備查。

第三十三條（秘書）

鄉、鎮、市調解委員會置秘書一人，由鄉、鎮、市長指派鄉、鎮、市公所內，大學、獨立學院法律學系或其相關學系畢業，或經公務人員法律相關類科考試及格之人員擔任。業務繁重之鄉、

鎮、市得置幹事若干人，由鄉、鎮、市長指派鄉、鎮、市公所內適當人員擔任；其設置基準由內政部定之。

第三十四條（經費）

調解委員會之經費，應由鄉、鎮、市公所就實際需要，編入鄉、鎮、市自治預算。但法院裁定移付調解事件之經費，由法院負擔。

為加強調解業務之推展，內政部、法務部及縣政府得按各鄉、鎮、市調解委員會之績效，編列預算予以獎勵。

第三十五條（本條例之準用）

區調解委員會委員之聘任、連任或解聘，應由區長報請市政府同意後為之。

本條例除前項規定外，於直轄市、市之區調解委員會準用之。

第三十六條（法院移付調解辦法之訂定）

法院移付調解之辦法，由司法院定之。

第三十七條（施行日）

本條例自公布日施行。

民法督促程序
——支付命令暨異議聲明

第 508 條（聲請支付命令之要件）

債權人之請求，以給付金錢或其他代替物，或有價證券之一定數量為標的者，得聲請法院依督促程序發支付命令。

支付命令之聲請與處理，得視電腦或其他科技設備發展狀況，使用其設備為之。其辦法，由司法院定之。

第 509 條（聲請支付命令之限制）

督促程序，如聲請人應為對待給付尚未履行，或支付命令之送達應於外國為之，或依公示送達為之者，不得行之。

第 510 條（管轄法院）

支付命令之聲請，專屬債務人為被告時，依第 1 條、第 2 條、第 6 條或第 20 條規定有管轄權之法院管轄。

第 511 條（聲請支付命令之程序）

支付命令之聲請，應表明下列各款事項：

一、當事人及法定代理人。

二、請求之標的及其數量。

三、請求之原因事實。其有對待給付者，已履行之情形。

四、應發支付命令之陳述。

五、法院。

第 512 條（法院之裁定）

法院應不訊問債務人，就支付命令之聲請為裁定。

第 513 條（支付命令之駁回）

支付命令之聲請，不合於第 508 條至第 510 條之規定，或依聲請之意旨認債權人之請求為無理由者，法院應以裁定駁回之；就請求之一部不得發支付命令者，應僅就該部分之聲請駁回之。

前項裁定，不得聲明不服。

第 514 條（支付命令應載事項）

支付命令，應記載下列各款事項：

一、第 511 條第 1 款至第 3 款及第 5 款所定事項。

二、債務人應向債權人清償其請求並賠償程序費用，否則應於支付命令送達後二十日之不變期間內，向發命令之法院提出異議。

第 511 條第 3 款所定事項之記載，得以聲請書狀作為附件代之。

第 515 條（支付命令之送達）

發支付命令後，三個月內不能送達於債務人者，其命令失其效力。

第 516 條（提出異議之程序）

債務人對於支付命令之全部或一部，得於送達後二十日之不變期間內，不附理由向發命令之法院提出異議。

債務人得在調解成立或第一審言詞辯論終結前，撤回其異議。但應負擔調解程序費用或訴訟費用。

第 518 條（逾期異議之駁回）

債務人於支付命令送達後，逾二十日之不變期間，始提出異議者，法院應以裁定駁回之。

第 519 條（異議之效力）

債務人對於支付命令於法定期間合法提出異議者，支付命令於異議範圍內失其效力，以債權人支付命令之聲請，視為起訴或聲請調解。

前項情形，督促程序費用，應作為訴訟費用或調解程序費用之一部。

第 521 條（支付命令之效力）

債務人對於支付命令未於法定期間合法提出異議者，支付命令與確定判決有同一之效力。

前項支付命令有第 496 條第 1 項之情形者，得提起再審之訴，並以原支付命令之聲請，視為起訴。

民法保全程序
──假扣押暨假處分之聲請

第 522 條（聲請假扣押之要件）

債權人就金錢請求或得易為金錢請求之請求，欲保全強制執行者，得聲請假扣押。

前項聲請，就附條件或期限之請求，亦得為之。

第 523 條（假扣押之限制）

假扣押，非有日後不能強制執行或甚難執行之虞者，不得為之。

應在外國為強制執行者，視為有日後甚難執行之虞。

第 524 條（假扣押之管轄法院）

假扣押之聲請，由本案管轄之法院，或假扣押標的所在地之地方法院管轄。

本案管轄法院，為訴訟已繫屬或應繫屬之第一審法院。但訴訟現繫屬於第二審者，得以第二審法院為本案管轄法院。

假扣押之標的如係債權或須經登記之財產權，以債務人住所或擔保之標的所在地或登記地，為假扣押標的所在地。

第 525 條（聲請假扣押之程序）

假扣押之聲請，應表明下列各款事項：

一、當事人及法定代理人。

二、請求及其原因事實。

三、假扣押之原因。

四、法院。

請求非關於一定金額者，應記載其價額。

依假扣押之標的所在地定法院管轄者，應記載假扣押之標的及其所在地。

第 526 條（請求及假扣押原因之釋明）

請求及假扣押之原因，應釋明之。

前項釋明如有不足，而債權人陳明願供擔保或法院認為適當者，法院得定相當之擔保，命供擔保後為假扣押。

請求及假扣押之原因雖經釋明，法院亦得命債權人供擔保後為假扣押。

債權人之請求係基於家庭生活費用、扶養費、贍養費、夫妻剩餘財產差額分配者，前項法院所命供擔保之金額不得高於請求金額之 1/10。

第 527 條（免為或撤銷假扣押方法之記載）

假扣押裁定內，應記載債務人供所定金額之擔保或將請求之金額提存，得免為或撤銷假扣押。

第 528 條（假扣押裁定及抗告）

關於假扣押聲請之裁定，得為抗告。

抗告法院為裁定前，應使債權人及債務人有陳述意見之機會。

抗告法院認抗告有理由者，應自為裁定。

准許假扣押之裁定，如經抗告者，在駁回假扣押聲請裁定確定前，已實施之假扣押執行程序，不受影響。

第 529 條（撤銷假扣押原因－未依期起訴）

本案尚未繫屬者，命假扣押之法院應依債務人聲請，命債權人於一定期間內起訴。

下列事項與前項起訴有同一效力：

一、依督促程序，聲請發支付命令者。

二、依本法聲請調解者。

三、依第 395 條第 2 項為聲明者。

四、依法開始仲裁程序者。

五、其他經依法開始起訴前應踐行之程序者。

六、基於夫妻剩餘財產差額分配請求權而聲請假扣押，已依民法第 1010 條請求宣告改用分別財產制者。

前項第六款情形，債權人應於宣告改用分別財產制裁定確定之日起 10 日內，起訴請求夫妻剩餘財產差額分配。

債權人不於第一項期間內起訴或未遵守前項規定者，債務人得聲請命假扣押之法院撤銷假扣押裁定。

第 530 條（撤銷假扣押原因——原因消滅等）

假扣押之原因消滅、債權人受本案敗訴判決確定或其他命假扣押之情事變更者，債務人得聲請撤銷假扣押裁定。

第 528 條第 3 項、第 4 項之規定，於前項撤銷假扣押裁定準用之。

假扣押之裁定，債權人得聲請撤銷之。

第一項及前項聲請，向命假扣押之法院為之；如本案已繫屬者，向本案法院為之。

第 531 條（撤銷假扣押時債權人之賠償責任）

假扣押裁定因自始不當而撤銷，或因第 529 條第 4 項及第 530 條第 3 項之規定而撤銷者，債權人應賠償債務人因假扣押或供擔保所受之損害。

假扣押所保全之請求已起訴者，法院於第一審言詞辯論終結前，應依債務人之聲明，於本案判決內命債權人為前項之賠償。債務人未聲明者，應告以得為聲明。

第 532 條（假處分之要件）

債權人就金錢請求以外之請求，欲保全強制執行者，得聲請假處分。假處分非因請求標的之現狀變更，有日後不能強制執行，或甚難執行之虞者，不得為之。

第 533 條（假扣押規定之準用）

關於假扣押之規定，於假處分準用之。但因第 535 條及第 536 條之規定而不同者，不在此限。

第 535 條（假處分之方法）

假處分所必要之方法，由法院以裁定酌定之。

前項裁定，得選任管理人及命令或禁止債務人為一定行為。

第 536 條（假處分撤銷之原因）

假處分所保全之請求，得以金錢之給付達其目的，或債務人將因假處分而受難以補償之重大損害，或有其他特別情事者，法院始得於假處分裁定內，記載債務人供所定金額之擔保後免為或撤銷假處分。

假處分裁定未依前項規定為記載者，債務人亦得聲請法院許其供擔保後撤銷假處分。

法院為前二項裁定前，應使債權人有陳述意見之機會。

第 538 條（定暫時狀態之假處分）

於爭執之法律關係，為防止發生重大之損害或避免急迫之危險或有其他相類之情形而有必要時，得聲請為定暫時狀態之處分。

前項裁定，以其本案訴訟能確定該爭執之法律關係者為限。

第一項處分，得命先為一定之給付。

法院為第一項及前項裁定前，應使兩造當事人有陳述之機會。但法院認為不適當者，不在此限。

消費者債務清理條例草案

壹、立法緣由

　　現代社會消費金融發達，隨著消費者信用之發展擴大，消費者負擔多重債務而不能清償之問題即不免發生。此類事件雖可依現行破產法處理，惟現行破產法自民國 24 年 7 月 17 日公布同年 10 月 1 日施行迄今，其間僅有三度局部修正，其立法時之社會背景與現今社會經濟結構迥異，已不足因應社會需求及國際潮流。消費者通常為經濟上之弱勢者，其財產較少，債權、債務關係較單純，宜以較現行法簡單易行之程序處理其債務。司法院於 82 年 7 月開始研修破產法，至 93 年 5 月研修完成，當時消費者多重債務之事實尚未成為嚴重之社會問題，故就此未設特別規定。該修正草案嗣未經立法院通過，司法院於 94 年 10 月重新研修，雖已著手研擬將消費者債務清理專章納入，惟因該修正草案包含內容、範圍較廣，非短期內可研修完成；而社會上積欠債務不能清償之消費者為數頗眾，所衍生之社會問題日趨嚴重，亟待加速立法時程，以謀解決。為因應此社會經濟狀況之變遷及需求，顧全法律之完備周詳，即有訂定消費者債務清理專法之必要，俾能予不幸陷於經濟上困境之消費者，有重建復甦之機會。司法院乃邀

集學者專家組成研修小組，以研修中之破產法修正草案所定消費者債務清理相關規定為基礎，參酌外國立法例，國內外學說及實務經驗，密集研議，完成本草案。期能迅速清理消費者之債務，保障其生存權，並兼顧債權人之利益，而達維持經濟秩序及安定社會之效。

貳、立法要點

本條例之草案分 4 章、13 節，共 158 條。為兼顧債權人、債務人雙方之利益，使陷於經濟上困境之消費者得以清理債務，草案採雙軌制，分重建型之更生及清算型之清算程序，利用此兩種程序妥適調整債務人與債權人及其他利害關係人間之權利義務關係，保障債權人獲得公平受償，並謀求消費者經濟生活之更生機會。而更生及清算程序，實質上即為破產法上和解及破產之特別程序。更生程序旨在促使債務人自力更生，藉由強化法院之職權調查，將債務人之財產狀況透明化，減輕其負擔，降低債權人會議可決更生方案之條件，及法院之適時介入，逕為裁定認可更生方案，使債務人得於儘其能力清償債務後免責，而獲重生之機會。清算程序則為鼓勵債務人努力重生，迅速處理分配應屬清算財團之財產予債權人，就應屬清算財團之財產以採固定主義為原則，兼採膨脹主義，並於法院裁定終止或終結清算程序後，迅予債務人免責及復權。而為避免債務人濫用此制度，產生道德危機，併予嚴謹之限制。茲就本草案之立法要點，擇要說明如下。

一、草案規定較破產法具特色部分

（一）聲請及撤回之限制及要件

依破產法第 58 條第 1 項之規定，得聲請債務人破產之聲請人，除債務人外，債權人亦得為之。草案規定之更生程序，係以債務人有清理債務之誠意，而提出有履行可能之更生方案為前提；另為避免債權人藉聲請清算施加壓力於債務人，故更生及清算程序之發動權均僅限於債務人始有之。而債務清理程序適用對象，須為五年內未從事營業活動之自然人，或從事小規模營業之自然人。債務清理開始之原因，以不能清償債務或有不能清償之虞為限。於更生程序，債務人須將來有繼續性或反覆性收入之望，且其無擔保或無優先權債務總額未逾新臺幣一千萬元，並於法院裁定開始清算程序或宣告破產前，始得向法院聲請。於清算程序，債務人則應於法院裁定開始更生程序或許可和解或宣告破產前，向法院聲請。法院裁定開始更生或清算程序後，或於裁定前已為保全處分者，為免債務人惡意利用更生或清算之聲請及保全處分，阻礙債權人行使權利，明文限制債務人不得撤回其聲請（第 2 條、第 3 條、第 4 條、第 11 條、第 42 條、第 81 條）。

（二）強化裁定效力、簡化程序

1.審級之簡化

為使更生或清算事件迅速進行，該等事件宜由獨任法官辦理，並以裁定為之，抗告則由管轄之地方法院以合議裁定之。對於抗告法院之裁定不得再抗告，並不得聲請再審，以簡化程序。

其餘於草案未規定者，則準用民事訴訟法，俾更生或清算程序之進行有所依循（第 11 條、第 12 條、第 15 條）。

2.強化裁定之效力

債務清理事件涉及利害關係人實體上之權利，考量利害關係人如須另以訴訟爭執，不僅債務清理法院無法迅速進行程序，亦可能因債務清理法院與民事法院判斷歧異，造成程序進行困擾。故草案規定債務清理法院就利害關係人爭執應為實體審查，當事人不服裁定而提起抗告時，抗告法院於裁定前，應行言詞辯論，使各該當事人得充分就該事件之爭執為事實上及法律上之陳述，並得聲明證據、提出攻擊防禦方法，為適當完全之辯論。經此程序之裁定，當事人之程序權已獲充分保障，即賦予確定判決同一之效力（第 25 條、第 36 條、第 96 條、第 98 條）。

3.資訊公開化

債務清理程序具有集團性清理債務之性質，為免文書送達增加勞費及延滯程序之進行，並使利害關係人得以迅速知悉債務人財產狀況及程序之資訊，原規定以公告代送達之制度，明定法院應公告之事項，諸如裁定、監督人、管理人、債權表、債權人會議期日處所應議事項、債權申報期間等項，及就公告之處所、方式及效力為統一規定，以為共同適用之準則（第 14 條、第 19 條、第 33 條、第 37 條、第 38 條、第 47 條、第 51 條、第 63 條、第 71 條、第 86 條、第 87 條、第 106 條、第 122 條、第 124 條、第 128 條、第 130 條）。

（三）債權人會議之可決

依破產法第 27 條規定，債權人會議為和解決議時，應有出席債權人過半數之同意，所代表之債權額並應占無擔保總債權額三

分之二，和解實不易成立。故特於更生程序中，將債權人會議可決之條件，降低為由出席已申報無擔保及無優先權債權人過半數之同意，而其所代表之債權額，逾已申報無擔保及無優先權總債權額之二分之一即可。其次，使法院得採行書面決議方式可決更生方案，藉以促進程序。亦即除債權人於接獲法院通知並於所定期間內確答不同意者外，均視為同意更生方案。再者，於債務人有薪資、執行業務所得或其他固定收入之情形，如無一定之消極要件，法院並得不經債權人會議可決，逕依債務人之聲請或依職權以裁定認可更生方案；於清算程序中，法院認無召集債權人會議之必要時，亦得以裁定取代決議，使更生方案之成立及債權人會議可決之可能性相對提高（第 60 條至第 65 條、第 122 條）。

（四）自用住宅特別條款

　　為使經濟上陷於困境之債務人不必喪失其賴以居住之自用住宅而重建經濟生活，草案特設債務人得提出自用住宅借款特別條款之規定，自用住宅借款特別條款原則上由債務人與債權人協議定之，如無法達成協議時，債務人亦得於規定最低條件以上之範圍內自行擬定，由法院逕行認可。債務人如依該特別條款繼續履行，即可避免擔保權人行使權利（第 54 條、第 55 條）。

（五）債務人生活限制

　　債務人及依法受其扶養者之必要生活費用，視為清算財團費用，為防止清算財團之財產不當減少，債務人之生活，本不宜逾越一般人通常之程度。且清算制度賦與債務人重獲新生、重建個人經濟信用之機會，無非期以清算程序教育債務人，使之了解經

濟瀕臨困境多肇因於過度奢侈、浪費之生活，故於債務人聲請清算後，即應學習簡樸生活，而不得逾越一般人通常之程度，如有奢侈、浪費情事，法院即得依利害關係人之聲請或依職權限制之，期能導正視聽，使債務人、債權人及社會大眾明瞭清算制度為不得已之手段，債務人一經利用清算程序清理債務，其生活、就業、居住遷徙自由、財產管理處分權等即應受到限制，而非揮霍無度、負債累累後一勞永逸之捷徑。而更生程序，乃債務人與債權人協議成立債務清償之更生方案，債權人自會考量債務人之生活程度，此乃當然之理，無待明文予以限制，併予敘明（第90條）。

（六）債權人僅有一人，不能准許宣告破產

債權人縱為一人及債務人之財產不敷清償清算程序之費用亦得利用債務清理程序破產法重在將破產人之財產公平分配與債權人，實務上向認如債務人之財產不足清償破產財團費用及財團債務，或債權人僅有一人之情形，即無分配問題，自不能准許宣告破產。此項見解，與現代債務清理法制思潮重在給予債務人經濟生活重建之機會，尚有未符。故草案規定債權人縱為一人，及債務人之財產不敷清償清算程序之費用時，法院仍應裁定開始清算程序，使債務人得有免責之機會（第81條、第86條）。

（七）清算財團之構成改以固定主義兼採膨脹主義

依破產法第82條規定債務人於破產宣告後至程序終結期間，破產人所取得之財產亦屬破產財團，係採膨脹主義。然因債務人受破產宣告後，經濟活動受到相當限制，可新獲之財產至為有限，並易降低債務人獲取新財產之意願。另外，亦造成破產財

團不易確定，影響破產財團財產之分配及程序之進行。如採固定主義，債務人於破產宣告後努力所得之財產歸屬債務人，可促其早日回復經濟活動，於社會較為有利。至債務人因繼承或贈與等無償取得之財產非因債務人努力獲致，為增加財團之財產，自宜將之列入破產財產。是草案就應屬清算財團之財產，以固定主義為原則，兼採膨脹主義。明定除法院裁定開始清算程序時，屬於債務人之一切財產及將來行使之財產請求權外，於法院裁定開始清算程序後，程序終止或終結前，債務人因繼承或無償取得之財產，亦屬清算財團所有之財產。然為維持債務人最低限度之生活，並基於人道或社會政策之考量，專屬於債務人本身之權利及禁止扣押之財產，自不宜列入破產財團之範圍。而債務人如為有配偶之自然人，且與其配偶間為法定財產者，其經法院裁定開始清算程序時，因其夫妻財產制當然改為分別財產制，債務人依民法第1030條之1第1項規定對配偶有剩餘財產分配請求權，該項權利即應歸屬清算財團，免被利用為脫產之途。另為確保債務人重建經濟之機會，避免債務人無從維持生活，亦授權法院得審酌一切情事後，以裁定擴大自由財產之範圍（第 99 條、第 100 條）。

（八）免責之限制及撤銷

依破產法所定之和解，債權人縱未申報債權參與和解，亦不生失權效果。而破產程序中，債權人依破產程序受清償，未受清償之債權額，僅其請求權視為消滅（破產法第 149 條）。為賦予不幸陷於經濟困境者重建復甦之機會，草案在更生及清算程序，均設有免責之機制。更生程序中，債務人只要依更生條件全部履行

完畢，其已申報未受清償之部分及未申報之債權，原則上均視為消滅。但債務人如有不誠實行為，例如虛報債務等事實時，法院應撤銷更生。而在清算程序終止或終結後，法院應以裁定免除債務人債務。但為避免債務人濫用免責制度，產生道德危機，對於不免責之事由併予嚴謹之限制，債務人如有規定之事由，如隱匿財產等不誠實之行為，或浪費、賭博等不當行為，法院即不予免責（第 74 條至第 78 條、第 133 條至 144 條）。

（九）程序外協商之前置

債務人受法院裁定開始更生或清算程序者，其生活、資格、權利等均將受限制，該等程序係債務清理之最後手段，於債務人無法與債權人協商時，始適用更生或清算程序清理其債務。基於債務人對於金融機構所積欠之債務法律關係較為單純，為使債務人得自主解決其債務，明定債務人對於金融機構因消費借貸、自用住宅借款、信用卡或現金卡契約而負債務之情形，採協商前置主義，及聲請之對象、協商者應遵循之程序、協商成立之要式要件、及法院審核程序並賦予執行名義（第 152 條至第 155 條）。

二、草案其餘規定部分

（一）事件管轄

更生及清算事件，專屬債務人之住所地之法院管轄。如債務人無住所地，則由主要財產所在地之地方法院管轄（第 5 條）。

（二）費用之徵收

參考民事訴訟法及非訴事件法費用徵收之標準，訂定費用金額。另審酌債務清理程序債務人之負擔，原則上不另徵收郵務送達費及法院人員差旅費，以免繁瑣。並規範法院得酌定更生或清算程序之必要費用，命債務人預納，及債務人聲請清算而無資力支出費用者，得由國庫墊付之規定（第 6 條至第 8 條）。

（三）法院調查、監督及關係人之義務

債務清理事件之裁定及處置，常涉及多數利害關係人，法院宜依職權調查必要之事實及證據，俾作成適當之裁判或處置。為此強化法院向利害關係人、債務人之法定代理人、其他機關、團體之調查權。並監督監督人、管理人，及命債務人或利害關係人報告或依職權訊問，以利事實之認定（草案第 9 條、第 10 條、第 17 條、第 44 條、第 83 條）。

（四）管理人及監督人

債務清理事件常涉公益，或與多數人之利害關係攸關。且更生或清算程序涉及法律、會計之專業，為顧及實際所需，明定法院於必要時，得選任律師、會計師或其他適當之自然人或法人，於更生程序中擔任監督人，或於清算程序中擔任管理人，處理債務清理事件事務。另為顧及債務人無資力而無法清償債務，如為程序之進行而另需支付監督人或管理人之報酬，不啻係另一負擔。爰明定法院得命司法事務官進行債務清理程序，以兼顧實際（第 16 條、第 18 條、第 49 條、第 50 條、第 58 條、第 98 條、第 106 條、第 111 條、第 123 條、第 124 條）。

（五）債務人財產之保全

　　法院為債務清理程序裁定前，為防杜債務人之財產減少，明定債務人無償行為之法律效果，及依債權人、債務人或其他利害關係人之聲請或依職權為一定保全處分。另為避免程序進行延滯，明定撤銷權之行使，得以意思表示為之，撤銷後之法律效果及效力擴張之對象等，及程序開始後，通知應為之登記及帳簿之記明，使債務人之財產得以明確化（第 19 條至第 27 條、第 88 條、第 89 條、第 96 條至第 98 條、第 132 條）。

（六）債權之行使及限制

　　為保障所有債權人，明定對於債務人之債權以於法院裁定開始更生或清算程序前成立者為限，為更生或清算債權，並限制債權人不得在程序外行使權利，或於債務清理程序中，聲請宣告債務人破產。另為使程序進行順暢，就法院開始更生或清算程序裁定發生效力之時間、債權申報、異議之程序、程序開始後其他法律程序行使之限制及對時效之影響予以明定。至程序開始後，債務清償之順序、債權行使之限制及例外、債務人不依程序履行債務之效果，均予明確規範，俾便利害關係人有所遵循，確保其權益（第 13 條、第 28 條至第 37 條、第 45 條、第 48 條、第 52 條、第 56 條、第 68 條至第 75 條、第 84 條、第 117 條、第 118 條）。

（七）債權人會議

　　債務清理程序雖係由法院督導程序之進行，然更生方案本質上屬債務人與債權人團體締結之契約，清算程序直接受影響者為

債權人，應予表示意見之機會。故草案亦採各國立法例，設債權人會議，使其成為債務清理程序中之自治機關。基此草案規範債權人會議之召集程序、出席人員、應報告之義務人及決議之方法，以為程序進行之依據（第 38 條至 41 條、第 58 條至第 60 條、第 119 條至第 121 條）。

（八）聲請之程序

向法院聲請更生或清算，除應具備能力、代理權無欠缺等一般形式要件外，並應符合規定之程序及特別要件。故應於聲請時提出一定之說明及證明文件，俾便法院得先以書面審查，藉以判斷債務人之聲請有無進行債務清理程序之可能，以避免無益程序之進行。債務人聲請進行更生或清算程序如有欠缺要件，其聲請即非合法。其情形可以補正者，法院應定期間先命補正，逾期不補正，應以裁定駁回之；如不能補正者，法院得不命補正逕予駁回。為使債務人知悉聲請進行更生或清算程序應備之要件，自應予明文規範程序提起時應備之事項（第 2 條、第 3 條、第 6 條、第 8 條、第 42 條、第 43 條、第 46 條、第 81 條、第 82 條、第 152 條）。

（九）債務人之義務

債務人依更生或清算程序清理其債務，除有不誠實之行為外，最終可獲免責。於程序之進行，自應負協力義務，以促進監督人或管理人業務之執行或法院調查事實。從而，債務人即有出席債權人會議、答覆法院及利害關係人之詢問、報告財產變動狀況、提出財產及收入狀況說明書及其債權人、債務人清冊、提出

更生方案或清算財團財產之書面等義務（第 41 條、第 43 條、第 44 條、第 49 條、第 53 條、第 59 條、第 82 條、第 83 條、第 102 條、第 104 條）。

（十）更生程序之轉換

　　法院裁定開始更生程序後，債務人如有應盡之義務而未履行或配合，致法院或監督人無法進行程序時，足證債務人欠缺更生之誠意。為避免債務人藉機拖延，自應有讓法院依職權將更生程序轉換成清算程序之機制，而不許債務人撤回更生之聲請，俾可迅速清理債務，保障債權人之權益。故於債務人未依限提出更生方案、無正當理由不出席債權人會議或不回答訊問、不遵守法院之裁定或命令致更生程序無法進行、更生方案未經債權人可決、法院裁定不認可更生方案、債務人未依認可之更生方案履行致債權人聲請強制執行、法院裁定撤銷更生等情況時，法院均得裁定開始清算程序。而程序轉換後，原於更生所進行之程序，而可為清算程序援用者，自應作為清算程序之一部（第 53 條、第 57 條、第 62 條、第 66 條、第 75 條、第 77 條、第 79 條、第 80 條、第 83 條）。

（十一）拘提、管收

　　債務人聲請清算後，即應依法院之通知到場，或依法律之規定，履行其義務，配合清算程序之進行，如債務人受合法通知，無正當理由不到場，或有具體事實顯示債務人有逃匿或隱匿、毀棄、處分屬於清算財團財產之可能，或無正當理由離開其住居地，法院自得以拘提之強制手段防止。另為保障債務人之自由權利，

明定管收、釋放之要件，並準用強制執行法，以促程序順利進行
（第 91 條至第 94 條）。

（十二）清算財團

　　1.債務人對屬於清算財團之財產喪失管理及處分權

　　為免損害債權人權益情事，法院裁定開始清算程序，應統一
處理債務人之財產，並避免債務人恣意減少財產或增加債務，自
應對於債務人管理、處分財產之行為予以限制，並明定應交付財
產及有關文件予管理人或法院指定之人（第 23 條、第 95 條、第
101 條至第 105 條）。

　　2.別除權及財團債權、取回權、抵銷權

　　別除權係就清算財團所屬特定財產優先受償之債權；財團債
權則係就應屬清算財團之財產全部受償，又區分為財團費用、財
團債務。至管理人所支配之財產，其不屬於清算財團者，亦應許
該特定財產之權利人請求排除管理人支配之權利，故取回權之行
使要件亦應明定。另為衡平對債務人負有債務之債權人之權利，
債權人抵銷權之行使亦有規範，俾適切保障利害關係人（第 107
條至第 110 條、第 112 條至第 118 條）。

　　3.清算財團之分配

　　清算制度機能之一，在於以債務人之財產公平分配於債權
人。分配權之行使，應由支配清算財團之管理人為之，並應於財
產有變價必要時，予以變價分配。就財產之變價分配程序、附條
件債權之債權人權利、對有異議債權之處理及追加分配等，均宜
以明定，以利程序之終結（第 123 條至第 129 條）。

（十三）程序之終止或終結

債務清理程序終結與否，影響因程序進行而停止之訴訟及執行程序及債權人、債務人之權利等，宜有明文規定。草案規定，就更生程序係於更生方案經法院裁定認可確定時終結；清算程序則於債務人之財產不敷清償清算程序之費用時，由法院裁定終止，或於最後分配完結後，由法院裁定終結程序（第 67 條、第 70 條、第 71 條、第 86 條、第 128 條、第 130 條、第 131 條）。

（十四）復權

清算程序屬簡易之破產程序，於破產法或草案對於債務人雖均未設任何資格、權利限制之規定。然債務人經法院宣告破產後，其他法令對於債務人之資格、權利常有諸般限制，自應在程序結束後，解除其他法令對於債務人所加公私權之限制。為使債務人之權利得以明確保障，草案明定復權之要件，由法院裁定之（第 85 條、第 145 條、第 146 條）。

（十五）刑責

更生程序係減免債務人部分責任後，促其履行債務，而重建其經濟。清算程序則使各債權人獲得平等之清償，避免債務人遭受多數債權人個別對其強制執行，而無法重建經濟，故債務人應本其至誠，履行債務或將應屬清算財團之財產交由管理人為公平之管理及處分。債務人如以損害債權為目的為不誠實之行為，圖自己或他人之不法利益情事，嚴重侵害債權人之權益，自應加以處罰。而監督人、管理人之地位相當於準公務員，且渠等於更生

或清算程序中，責任重大，與債權人、債務人關係密切，自應公正執行其職務，亦宜以刑罰規範其不法圖利行為（第 147 條至第 151 條）。

（十六）草案施行前經宣告破產之消費者得依草案予以免責及復權

　　本草案施行前，消費者如有不能清償債務之事件，已由法院依破產法之規定開始處理者，應依何一程序進行，宜予明定。如其符合草案所定免責或復權之規定時，自許其依條例之規定為免責或復權之聲請，以保障其權益（第 156 條、第 157 條）。

消費者債務清理條例草案條文對照表

草案條文	說　　明
第一章　總則	章　名
第一節　通則	節　名
第一條　為使負債務之消費者得依本條例所定程序清理其債務，以調整其與債權人及其他利害關係人之權利義務關係，保障債權人之公平受償，謀求消費者經濟生活之更生及社會經濟之健全發展，特制定本條例。	明定本條例之立法目的，在於使陷於經濟上困境之消費者，得分別情形依本條例所定重建型債務清理程序（更生）或清算型債務清理程序（清算）清理債務，藉以妥適調整其與債權人及其他利害關係人之權利義務關係，保障債權人獲得公平受償，並謀求消費者經濟生活之更生機會，從而健全社會經濟發展。
第二條　本條例所稱消費者，指五年內未從事營業活動或從事小規模營業活動之自然人。 　　　前項小規模營業指營業額平均每月新臺幣二十萬元以下者。	一、為符合費用相當性原理及程序經濟原則，本條例適用對象為自然人，並限定其範圍為最近五年內未從事營業活動者，如：單純受領薪水、工資之公務員、公司職員、勞工；或從事小規模營業活動者，如：計程車司機、攤販等，俾此等自然人得利用較和解、破產程序為簡速之更生及清算程序清理債務，助益其適時重建更生。

	二、本條所指小規模營業，參照統一發票使用辦法第四條第一款，及財政部 75/07/12 台財稅第 7526254 號函訂定營業人使用統一發票銷售額標準為平均每月二十萬元，故規定其事業每月營業額平均在二十萬元以下。
第三條　債務人不能清償債務或有不能清償之虞者，得依本條例所定更生或清算程序，清理其債務。	明定消費者得依本條例所定更生或清算程序清理債務之原因為不能清償債務或有不能清償之虞。
第四條　債務人為無行為能力人或限制行為能力人者，本條例關於債務人應負義務及應受處罰之規定，於其法定代理人亦適用之。	債務人為無行為能力人者，應由法定代理人代為意思表示並代受意思表示；為限制行為能力人者，為意思表示及受意思表示，應得法定代理人之允許，前者，實際行為人為其法定代理人，後者，法定代理人亦有決定權，本條例關於債務人應負義務及應受處罰之規定，如不擴張適用於法定代理人，無法達更生或清算程序清理債務之功能，爰設本條。
第五條　更生及清算事件專屬債務人住所地之地方法院管轄。 　　不能依前項規定定管轄法院者，由債務人主要財產所在地之地方法院管轄。	一、更生及清算事件，明定專屬債務人之住所地之法院管轄，爰設第一項。 二、債務人在我國無住所者，則由主要財產所在地之地方法院管轄，以杜爭議，爰設第二項。

第六條　聲請更生或清算，徵收聲請費新臺幣一千元。 　　郵務送達費及法院人員之差旅費不另徵收。但所需費用超過應徵收之聲請費者，其超過部分，依實支數計算徵收。 　　前項所需費用及進行更生或清算程序之必要費用，法院得酌定相當金額，定期命聲請人預納之，逾期未預納者，除別有規定外，法院得駁回更生或清算之聲請。	一、本條第一項明定聲請更生或清算應徵收之費用。 二、有關郵務送達費及法院人員之差旅費，在聲請費範圍內，為避免繁瑣不另徵收。惟如所需費用超過應徵收之聲請費者，其超過部分，仍應徵收，爰設第二項規定如何徵收。 三、進行更生或清算程序所需第二項及其他必要費用，例如：監督人、管理人之報酬、郵務送達費等，法院於程序開始前，得預為估算，並定期間命債務人預納，如債務人未預納，除本條例別有規定外（例如：第七條），即應駁回更生或清算之聲請，爰設第三項。惟更生或清算之程序如經裁定開始後，為免法院及關係人已支付之勞力及費用歸於徒勞，即不得以債務人未預納必要費用而駁回之，應依第五十七條規定處理，附此敘明。
第七條　債務人聲請清算而無資力支出前條費用者，由國庫墊付。 　　無資力支出費用之事由，應釋明之。	一、債務人聲請清算者，常無財產而無力預納聲請費及程序進行必要費用，為使清算程序順利進行，其程序費用應暫由國庫墊付，爰設第一項。 二、為便於法院調查債務人是否無資力支出清算聲請費及程序進行必要費用，明定債務人應釋明無資力支付費用之事由，爰設第二項。

第八條　聲請更生或清算不合程序或不備其他要件者，法院應以裁定駁回之。但其情形可以補正者，法院應定期間先命補正。	債務人聲請更生或清算，除應具備能力、代理權無欠缺等一般形式要件外，並應符合規定之程序，如第六條第一項、第四十三條、第八十二條；此外尚須具備其他要件，如第二條、第三條、第四十二條、第八十一條、第一百五十二條第一項等是。如有欠缺，其聲請即非合法。其情形可以補正者，法院應定期間先命補正，逾期不補正，應以裁定駁回之；如不能補正者，法院得不命補正逕予駁回，則屬當然，爰設本條一般規定。
第九條　法院應依職權調查必要之事實及證據，並得向稅捐或其他機關、團體為查詢。 　　法院為調查事實，得命關係人或法定代理人本人到場或以書面陳述意見。 　　法院之調查及訊問，得不公開。	一、更生或清算事件之裁定及處置，常涉及多數利害關係人之權益，除債務人依法提出之文件外，法院仍應依職權調查必要之事實及證據，並得向稅捐或其他機關、團體等可能存有債務人之財產、收入及業務狀況資料者為查詢，以獲得相關資訊，俾作成適當之裁判或處置。 二、法院為此等調查，必要時，得命利害關係人或法定代理人等本人到場，並得以不公開之方式為之，或命以書面陳述意見。惟如行言詞辯論實質審理，應公開之，附此敘明。 三、又本條所指關係人，例如：債務人、債權人、取回權人、別除權人及其他利害關係人等，附此說明。
第十條　債務人之親屬、為債務人管理	一、債務人之財產、收入及業務狀況狀況，債務人之親屬、為債務人管理財產之人或其

財產之人或其他關係人，於法院查詢債務人之財產、收入及業務狀況時，有答覆之義務。 　前項之人對於法院之查詢，無故不為答覆或為虛偽之陳述者，法院得以裁定處新臺幣三千元以上三萬元以下之罰鍰。 　第一項之人已受前項裁定，仍無故不為答覆或為虛偽之陳述者，法院得連續處罰之。 　法院為前二項裁定前，應使被處罰人有陳述意見之機會。 　第二項、第三項裁定，抗告中應停止執行。	他關係人知之最詳，為確實掌握該部分資訊，明定渠等於法院查詢時，有答覆之義務，爰設第一項。 二、為促使債務人之親屬、為債務人管理財產之人或其他關係人履行其答覆義務，渠等無故不為答覆或為虛偽之陳述時，法院得處以罰鍰並得連續處罰，爰設第二項、第三項。 三、法院對債務人之親屬、為債務人管理財產之人或其他關係人處以罰鍰時，宜使其有陳述意見之機會，以保護其程序權，爰設第四項。 四、第二項、第三項之裁定，影響被處罰人之權益甚大，爰設第五項，明定其提起抗告後，法院應停止執行。
第十一條　更生或清算事件之裁判，由獨任法官以裁定行之。	一、為使更生或清算事件迅速進行，明定該等事件由獨任法官辦理，其所為之處分，應以裁定為之，爰設第一項。

法院裁定開始更生或清算程序後，債務人不得撤回更生或清算之聲請。於裁定前，經法院依第十九條規定為保全處分者，亦同。	二、為免債務人惡意利用更生或清算之聲請及保全處分，阻礙債權人行使權利，爰設第二項，限制債務人撤回權之行使。
第十二條 抗告，由管轄之地方法院以合議裁定之。 　　　對於抗告法院之裁定，不得再為抗告。 　　　依本條例所為之裁定，不得聲請再審。	一、為使更生或清算事件得以迅速確定，參考民事訴訟法第四百三十六條之一、非訟事件法第四十四條之立法例，明定抗告由管轄之地方法院以合議裁定之，爰設第一項。惟可提起抗告之人，以受不利益之裁定者為限，附此敘明。 二、為使更生或清算程序迅速進行及終結，明定對於抗告法院之裁定不得再為抗告，且依本條例所為之裁定，亦不得聲請再審，爰設第二、三項。
第十三條 債務人依本條例聲請更生或清算者，債權人不得依破產法規定聲請宣告債務人破產。	本條例為破產法之特別規定，為使債務人得儘速清理債務以獲更生，爰明定債務人已依本條例聲請更生或清算者，債權人即不得再依破產法聲請宣告債務人破產。
第十四條 本條例所定之公告，應揭示於法院公告處、資訊網路及其他適當	一、依本條例規定，法院應進行公告程序之文書種類甚多，例如：開始更生程序之裁定、認可更生與否之裁定、開始清算程序之裁定、清算程序終止或終結之裁定等；

處所；法院認為必要時，並得命登載於公報或新聞紙，或用其他方法公告之。 　　前項公告，除本條例別有規定外，自最後揭示之翌日起，對所有利害關係人發生送達之效力。	其公告之處所、方式應有統一之規定，以為共同適用之準則，爰設第一項，俾資遵循。 二、依本條例進行之程序，具有集團性清理債務之性質，為避免文書逐一送達關係人增加勞費及拖延程序，宜予減省，且依第一項公告方法，已足使關係人周知，爰設第二項，明定其效力。
第十五條　關於更生或清算之程序，除本條例別有規定外，準用民事訴訟法之規定。	關於更生或清算之程序，除本條例別有規定外，準用民事訴訟法之規定，爰設本條，俾利程序之進行有所依循。
第二節　督人及管理人	節　名
第十六條　法院裁定開始更生或清算程序後，得命司法事務官進行更生或清算程序，必要時，得選任律師、會計師或其他適當之自然人或法人一人為監督人或管理人。	一、本條例於更生程序設監督人，清算程序設管理人。又更生或清算程序之進行，涉及法律、會計事務甚多，為顧及實際所需，爰列律師、會計師或其他適當之自然人或法人得為監督人或管理人。監督人或管理人非必設機關，且選任之時間，非限於法院裁定開始更生或清算程序時始得為之，於更生或清算程序進行中，如法院認有必要者，亦得於程序進行中隨時選任。

法院認為必要時，得命監督人或管理人提供相當之擔保。 　　監督人或管理人之報酬，由法院定之，有優先受清償之權。 　　法院選任法人為監督人或管理人之辦法，由司法院定之。	二、消費者債務清理，本即因債務人無資力而無法清償債務，如選任專業之監督人或管理人，債務人將因程序之進行而另需支付高額報酬，不啻係另一負擔。為兼顧債務人之權益，並利程序之進行，於未選任監督人或管理人之情形，宜使司法事務官協助法官進行之，爰設第一項，明定法院裁定開始更生或清算程序後，得命司法事務官進行更生或清算程序。惟更生或清算程序進行中，如有必要，例如：有第二十四條所定雙務契約應處理；或有第二十七條所定訴訟需進行；或有財產須處分；或須介入當事人間之法律關係時，即不宜由司法事務官進行，應選任律師、會計師或其他適當之人任監督人或管理人，以利程序進行。 三、為免監督人或管理人恣意濫權，以及保障債權人、債務人於監督人或管理人違反義務致生損害時之求償權，爰設第二項，明定法院得命監督人或管理人提供擔保。 四、監督人或管理人職權重大，故其所得之報酬應特予保障，爰設第三項，明定其報酬應由法院訂定，並有優先受償權。 五、法院選任法人為監督人或管理人者，該法人及其指派之人員應具債務清理之專業知識及能力，為免繁瑣，有關選任法人為監督人或管理人相關事項，宜由司法院定之，爰設第四項。

第十七條　監督人或管理人應受法院之監督。法院得隨時命其為清理事務之報告，及為其他監督上必要之調查。 　　法院得因債權人會議決議或依職權撤換監督人或管理人。但於撤換前，應使其有陳述意見之機會。	一、債務清理程序之機關，均應受法院之監督，且法院於必要時，得隨時指揮監督人或管理人為其執行職務之報告及其他之調查，爰設第一項。 二、法院因債權人會議之決議或依職權撤換監督人或管理人時，應賦與陳述意見之機會，以保障其程序權，爰設第二項。
第十八條　監督人或管理人應以善良管理人之注意，執行其職務。 　　監督人或管理人違反前項義務致利害關係人受有損害時，應負損害賠償責任。	一、監督人或管理人之職權重大，並受有報酬，其執行職務，自應負較高之注意義務，爰設第一項。 二、監督人或管理人違反善良管理人之注意義務，致利害關係人，例如：債務人、債權人、取回權人、別除權人等受有損害時，應使其負損害賠償責任，爰設第二項。又關於損害賠償請求權之時效，本條例未設規定，應回歸民法之適用，附此敘明。
第三節　務人財產之保全	節　名
第十九條　法院就更生或清算之聲請為裁定前，得因利害	一、法院就更生或清算之聲請為裁定前，為防杜債務人之財產減少，維持債權人間之公平受償及使債務人有重建之機會，有依債

關係人之聲請或依職權，以裁定為下列處分：

一、人財產之保全處分。

二、債務人履行債務及債權人對於債務人行使債權之限制。

三、對於債務人財產強制執行程之停止。

四、受益人或轉得人財產之保全處分。

五、其他必要之保全處分。

前項處分，除法院裁定開始更生或清算程序外，其期間不得逾六十日；必要時，法院得依利害關係人聲請或依職權以裁定延長一次，延長期間不得逾六十日。

權人、債務人或其他利害關係人之聲請或依職權為一定保全處分之必要；其內容有：就債務人財產，包括債務人對其債務人之債權等，為必要之保全處分、限制債務人履行債務及債權人對於債務人行使債權之限制、對於債務人財產實施民事或行政執行程序之停止；又為確保將來詐害行為、偏頗行為經撤銷後，對受益人或轉得人請求回復原狀責任之強制執行，亦有對之施以保全處分之必要；另為求周延，明定概括事由，許法院為其他必要之保全處分。爰設第一項。

二、為維護債權人之權益，避免債務人惡意利用保全處分，阻礙債權人行使權利，爰限制處分期間，且對處分期間之延長，除須經法院裁定外，以一次為限，並限制其延長期間亦不得逾六十日，爰設第二項。

三、法院為保全之處分後，為避免債務人利用更生或清算之聲請做為延期償付債務之手段，如更生或清算之聲請經駁回或法院認為必要時，例如：保全處分之原因變更或消滅時，自得依利害關係人聲請或依職權變更或撤銷所為之保全處分，爰設第三項。另關於保全處分變更後之期間，於此未設規定，其仍應受第二項所定期間之限制，乃屬當然。

第一項保全處分，法院於駁回更生或清算之聲請或認為必要時，得依利害關係人聲請或依職權變更或撤銷之。 　　第二項期間屆滿前，更生或清算之聲請經駁回確定者，第一項及第三項保全處分失其效力。 　　第一項及第三項保全處分之執行，由該管法院依職權準用強制執行法關於假扣押、假處分執行之規定執行之。 　　第一項至第三項之裁定應公告之。	四、更生或清算之聲請經駁回確定，各種保全處分當然失其效力，法院自無庸裁定撤銷保全處分，爰設第四項。 五、受理更生或清算聲請之法院，依第一項及第三項所為之保全處分，其執行程序宜由受理更生或清算程序之法院準用強制執行法有關假扣押、假處分執行之規定，爰設第五項，俾資遵循，並杜疑義。 六、法院依第一項至第三項規定所為之裁定，影響債務人、債權人及其他利害關係人之權益，應公告週知，爰設第六項。
第二十條　債務人所為之下列行為，除本條例別有規定外，監督人或管理人得撤銷之：	一、為使更生或清算程序得以迅速進行，避免採取訴訟方式，浪費法院及關係人勞力、時間及費用，明定撤銷權之行使，由管理人或監督人以意思表示為之。故除本條例別有規定外（例如：第二十三條等），債

一、債務人於法院裁定開始更生或清算程序前，二年內所為之無償行為，有害及債權人之權利者。 二、債務人於法院裁定開始更生或清算程序前，二年內所為之有償行為，於行為時明知有害及債權人之權利，而受益人於受益時亦知其情事者。 三、債務人於法院裁定開始更生或清算程序前，六個月內所為提供擔保、清償債務或其他有害及	務人於法院裁定開始更生或清算程序前，二年內所為無償或有償詐害行為之規定，使債務人之財產減少，並損害債權人之債權，均有害債權人之公平受償，其所為無償或有償詐害行為，應予撤銷，爰設第一款、第二款。又債務人對特定債權人原負有義務，而於法院裁定開始更生或清算程序前六個月內提供擔保、清償債務或為其他有害於債權人之權利，將使債務人財產減少，有害債權人之公平受償，如受益人於受益時，明知其有害於債權人之權利者，無受保護之必要，債務人所為偏頗行為亦得予以撤銷，爰設第三款。再者，債務人對特定債權人原無義務或其義務尚未屆清償期，而於法院裁定開始更生或清算程序前六個月內對之提供擔保、清償債務或為其他有害於債權人權利之行為，屬偏頗行為，有害債權人之公平受償，亦得予以撤銷，爰設第四款。 二、債務人與其特定親屬或家屬間所成立之有償行為，基於行為當事人間之特定關係，應視為無償行為；又債務人以低於市價一半之價格而處分其財產之行為，因違反交易常規，債務人主觀上多有脫產之意思，為保障債權人，亦應視為無償行為，爰設第二項。

債權人權利之行為，而受益人於受益時，明知其有害及債權人之權利者。 四、債務人於法院裁定開始更生或清算程序前，六個月內所為提供擔保、清償債務或其他有害及債權人權利之行為，而該行為非其義務或其義務尚未屆清償期者。 　債務人與其配偶、直系親屬或家屬間成立之有償行為及債務人以低於市價一半之價格而處分其財產之行為，視為無償行為。	三、債務人與其特定親屬或家屬間所成立第一項第三款行為，基於行為當事人間之特殊關係，應可推定受益人主觀上知情，爰設第三項。 四、第一項規定之目的，在於防杜債務人為減少財產之行為，以維護債權人之公平受償。如該項第三款行為，係債務人在法院裁定開始更生或清算程序之日六個月前承諾並經公證者，具有一定之公信力，為兼顧交易安全及第三人權益，不宜撤銷，爰設第四項。 五、明定撤銷權之除斥期間，爰設第五項。 六、債務人因得撤銷之行為而負履行義務，其撤銷權業因除斥期間經過而消滅者，如仍令債務人負履行義務，有失衡平，爰訂定第六項，明定債務人或管理人得拒絕履行。 七、債務人與第四條所定之人及其特定親屬或家屬間所為之有償行為，宜準用第二項及第三項之規定，始得防杜詐害或偏頗行為之發生，保障債權人公平受償，爰訂定第七項。

債務人與其配偶、直系親屬或家屬間成立第一項第三款之行為者，推定受益人於受益時知其行為有害及債權人之權利。

第一項第三款之提供擔保，係在法院裁定開始更生或清算程序之日起六個月前承諾並經公證者，不得撤銷。

第一項之撤銷權，自法院裁定開始更生或清算程序之翌日起，一年間不行使而消滅。

債務人因得撤銷之行為而負履行之義務者，其撤銷權雖因前項規定而消滅，債務人或管理人仍得拒絕履行。

第二項及第三項之規定，於債務人與第四條所定之人及其配偶、直系親

屬或家屬間所為之有償行為，準用之。	
第二十一條　前條第一項之行為經撤銷後，適用下列規定： 一、受益人應負回復原狀之責任。但無償行為之善意受益人，僅就現存之利益負返還或償還價額之責任。 二、受益人對債務人所為之給付，得請求返還之；其不能返還者，得請求償還其價額，並有優先受償權。 　　受益人受領他種給付以代原定之給付者，於返還所受給付或償還其價額時，其債權回復效力。	一、債務人所為有害債權人之行為經撤銷後，受益人對債務人或清算財團自應負回復原狀之責任；惟債務人所為無償行為之受益人於受益時如為善意，為免對其過苛，宜僅以現存之利益為限，令負償還或返還價額之責任，爰設第一款。又受益人自債務人受領之給付，既應對債務人或清算財團負回復原狀之義務，其所為之對待給付，自亦得向債務人或清算財團請求返還，其不能返還者，亦應償還其價額，並有優先受償權，以維公平，爰設第二款。 二、債務人代物清償行為經撤銷時，於受益人返還所受給付或償還其價額與債務人或清算管理人者，自宜使受益人原有之債權回復效力，以維公平，爰設第二項。又債務人之債權行為本身經撤銷者，乃撤銷後回復原狀之法律效果，非債權之回復，附此說明。

第二十二條　第二十條之撤銷權，對於轉得人有下列情形之一者，亦得行使之： 一、轉得人於轉得時知其前手有撤銷原因。 二、轉得人係債務人或第四條所定之人之配偶、直系親屬或家屬或曾有此關係。但轉得人證明於轉得時不知其前手有撤銷原因者，不在此限。 三、轉得人係無償取得。 　前條第一項第一款之規定，於前項情形準用之。	一、第二十條之撤銷權，於特定情形，亦得對於轉得人行使。倘轉得人於轉得時知其前手有撤銷之原因，即可認定其有惡意，此時對於轉得人即無保護之必要，爰設第一款。又轉得人係債務人或第四條所定之人現有或曾有一定親屬或家屬之關係者，通常多具有惡意情形，基於衡平，除轉得人證明其屬善意外，亦屬撤銷權行使之對象，爰設第二款。另轉得人係無償取得者，宜不問其為善意、惡意，均得對之行使撤銷權。 二、對於轉得人行使撤銷權後，轉得人即負回復原狀之義務。惟善意轉得人基於無償行為而受給付者，自應僅就現存之利益返還或償還價額，爰設第二項，以杜爭議。
第二十三條　債務人聲請更生或清算後，其無償行為，不生效力；有償行為逾越通常管理行	債務人聲請更生或清算程序後，其無償行為有害及債權人之權利，為避免債務人之財產不當的減少，應屬無效；其有償行為逾越通常管理行為或通常營業之範圍，因屬有對價之行為，為保障交易安全，僅對債權人相對無效，以兼

為或通常營業範圍者,對於債權人不生效力。	顧交易安全,爰設本條。
第二十四條 法院裁定開始更生或清算程序時,債務人所訂雙務契約,當事人之一方尚未完全履行,監督人或管理人得終止或解除契約。但依其情形顯失公平者,不在此限。 　　前項情形,他方當事人得催告監督人或管理人於二十日內確答是否終止或解除契約,監督人逾期不為確答者,喪失終止或解除權;管理人逾期不為確答者,視為終止或解除契約。	一、法院裁定開始更生或清算程序時,債務人所訂之雙務契約,如有一方未完全履行,為使更生或清算程序得以迅速終結,爰設第一項,明定監督人或管理人得衡量情形終止或解除契約。另為兼顧他方當事人之利益,如監督人或管理人終止或解除契約,對他方顯失公平時,則不宜為之,爰設但書,以為限制。 二、為避免因監督人或管理人不為終止或解除契約,致雙務契約之法律關係懸而不決,爰設第二項,明定他方當事人得催告監督人或管理人於二十日內確答是否終止或解除契約,監督人逾期不為確答者,喪失終止或解除權;管理人逾期不為確答者,視為終止或解除契約。
第二十五條 依前條規定終止或解除契約時,他方當事人得於十日內提出異議。	一、監督人或管理人依第二十四條規定終止或解除契約,或因管理人逾期不為確答,視為終止或解除契約時,宜賦與他方當事人異議權,以保障他方當事人之權益,爰設第一項。

前項異議由法院裁定之。 　　對於前項裁定提起抗告，抗告法院於裁定前，應行言詞辯論。 　　前二項裁定確定時，有確定判決同一之效力。	二、他方當事人提出異議後，法院就契約之終止或解除有無理由應為實體審查，並以裁定確定之，爰設第二項。 三、為免他方當事人就債務人所訂雙務契約是否業經合法終止或解除另行提起訴訟再為爭執，影響更生或清算程序之迅速進行，法院就契約之終止或解除有無理由所為之裁定，應為實體審查。基此，於他方當事人或監督人或管理人提起抗告後，抗告法院於裁定前應行言詞辯論，俾保障當事人之程序權，爰設第三項。 四、他方當事人提出異議後，法院就契約之終止或解除有無理由所為之裁定，既應為實體審查，於他方當事人或監督人或管理人提起抗告後，抗告法院更應行言詞辯論，為免他方當事人另行提起訴訟再為爭執，影響更生或清算程序之進行，等程序權已獲充分保障之情形下，應賦與法院所為之裁定有確定判決同一之效力，爰設第四項。
第二十六條　依第二十四條規定終止或解除契約時，他方當事人就其所受損害，得為更生或清算債權而行使其權利。	一、雙務契約依第二十四條規定終止或解除時，因係監督人或管理人基於債務人之利益所為之選擇，如他方當事人因而受有損害，乃基於契約之終止或解除，並非基於既存之契約本身之事由所發生，與因法院裁定開始更生或清算程序後不履行債務所生損害賠償之劣後債權不同，為維護他

依第二十四條規定終止或解除契約時，債務人應返還之給付、利息或孳息，他方當事人得請求返還之；其不能返還者，得請求償還其價額，並有優先受償權。	方當事人之利益，爰設第一項，明定他方當事人就其所受損害，得列為更生或清算債權而行使其權利。 二、雙務契約依第二十四條規定終止或解除時，或依不當得利法則，應返還其利益或償還其價額；或依民法第二百五十九條規定，雙方當事人應負回復原狀之義務，該條各款之規定，除第五款所定非屬原來給付而不宜適用外，其餘各款皆係更生或清算程序中，當事人回復原狀所應遵循。又債務人應返還之給付、利息或孳息，如現尚存於債務人或清算財團者，得請求債務人（更生程序）或管理人（清算程序）返還之，其不能返還者，得請求償還其價額，並有優先受償之權。爰設第二項。
第二十七條 債權人於法院裁定開始更生或清算程序前，就應屬債務人之財產，提起代位訴訟、撤銷訴訟或其他保全權利之訴訟，於更生或清算程序開始時尚未終結者，訴訟程序在監督人或管理人承受訴訟或更生或清	債權人於法院裁定開始更生或清算程序前，對於第三人就應屬債務人之財產提起代位、撤銷或其他保全權利之訴訟，於有更生或清算程序開始時，因債權人對於應屬債務人之財產，非依更生或清算程序，不得行使其權利（第二十八條第二項），為維護債務人之財產及保障全體債權人之利益，宜由監督人或管理人承受訴訟；且因債務人並非訴訟當事人，尚不得依民事訴訟法第一百七十四條規定停止訴訟，爰明定此等訴訟在管理人或監督人承受訴訟或債務清理程序終止或終結以前當然停止，俾資遵循。

算程序終止或終結以前當然停止。	
第四節　權之行使及確定	節　名
第二十八條　對於債務人之債權，於法院裁定開始更生或清算程序前成立者，為更生或清算債權。 　　前項債權，除本條例別有規定外，不論有無執行名義，非依更生或清算程序，不得行使其權利。	一、債權於法院裁定開始更生或清算前成立者，屬本條例清理之債權，爰設第一項，明定其為更生或清算債權。 二、更生及清算程序，均係集團性債務清理程序，原則上既不許債權人在程序外行使權利，亦不認未依程序申報債權者得受清償，據以達成債權人公平受償及賦與債務人免責、更生之程序目的，爰設第二項。
第二十九條　下列各款債權為劣後債權，僅得就其他債權受償餘額而受清償： 一、法院裁定開始更生或清算程序後所生之利息。 二、因法院裁定開始更生或清算程序後不履行	一、法院裁定開始清算或更生程序後，所生之利息、債務人因債務不履行所生之損害賠償及違約金，均屬法院裁定開始清算或更生程序後所生之債權。又有擔保或優先權之債權，其損害賠償及違約金如發生於法院裁定開始更生或清算程序之後，如使之仍有優先受償之權，對於債務人未免過苛，為求公允，亦將之列為劣後債權。另替補性賠償為原約定給付之替代，其非屬上開所稱不履行債務所生之損害賠償之範圍，乃屬當然，不待明文規定。再者，國家對債務人之財產罰，如得與其他債

債務所生之損害賠償及違約金。有擔保或優先權債權之損害賠償及違約金，亦同。 三、罰金、罰鍰、怠金及追徵金。 　　前項第三款所定債權，於法律有特別規定者，依其規定。 　　債權人參加更生或清算程序所支出之費用，不得請求債務人返還之。	權相同，就債務人之財產取償，對債務人雖無不利，惟將使其他債權人蒙受損害，實不宜與其他債權平等受償。爰於第一項明定上開債權列為後順位之劣後債權，僅得就其他債權受清償餘額而受清償。 二、國家對債務人之財產罰，如其他法律別有規定為優先順位之債權者，應從該法之規定，爰訂定第二項，以杜爭議。 三、債權人參加更生或清算程序所支出之費用，因屬實現個人財產權之手段而生者，本不宜請求債務人返還之，爰訂定第三項，以期明確。
第三十條　數人就同一給付各負全部履行之責任者，其中一人或數人或其全體受法院開始更生或清算程序之裁定時，債權人得就其債權於裁定時之現存額，對各更生債務人或清算財團行使權利。	數人就同一給付各負全部履行之責任者，如其中一人或數人或其全體受法院開始更生或清算程序之裁定，債權人僅得就其債權於裁定時之現存額，對各更生債務人或清算財團行使權利，蓋債權人之債權既已受部分清償，於清償範圍內，其債權即已消滅，自不得於更生或清算程序再行回復而列為更生或清算債權，爰設本條，以杜爭議。

第三十一條　數人就同一給付各負全部履行之責任者，其中一人或數人受法院開始更生或清算程序之裁定時，其他共同債務人得以將來求償權總額為債權額而行使其權利。但債權人已以更生或清算程序開始時之現存債權額行使權利者，不在此限。 　　前項規定，於為債務人提供擔保之人及債務人之保證人準用之。	一、依民法第二百八十條規定，連帶債務人間仍有各自應負擔之義務，如連帶債務人中之一人清償致他連帶債務人免責，依民法第二百八十一條第一項亦有求償權。為保障共同債務人之求償權，爰設第一項，以債權人未行使權利時，准許共同債務人以將來得行使之求償權於更生或清算程序中行使權利。 二、法院裁定開始更生或清算程序後，為債務人提供擔保之人或其保證人，如因債權人行使權利而代為清償債務，對債務人有求償權；未能於更生或清算程序行使將來之求償權，於更生或清算程序終止或終結後，殆已無法受償，為保障將來之求償權，爰設第二項。
第三十二條　匯票發票人或背書人受法院開始更生或清算程序裁定，付款人或預備付款人不知其事實而為承兌或付款者，其因此所生之債權，得為更生或清算債權而行使其權利。	一、匯票發票人或背書人受法院開始更生或清算程序之裁定時，付款人或預備付款人未必知悉，倘其因善意而承兌或付款者，為保障其求償權，應使該債權得為更生或清算債權，爰設第一項。 二、於支票及其他以給付金錢或其他物件為標的之有價證券者，與第一項同有保護之必要，爰設第二項。

前項規定，於支票及其他以給付金錢或其他物件為標的之有價證券準用之。	
第三十三條　債權人應於法院所定申報債權之期間內申報債權之種類、數額或其順位。其有證明文件者，並應提出之。 　　監督人或管理人收受債權申報，應於申報債權期限屆滿後，編造債權表，由法院公告之。 　　未選任監督人或管理人者，前項債權表，由法院編造並公告之。 　　債權人因非可歸責於己之事由，致未於第一項所定期間申報債權者，得於其事由消滅後十日內補報之。但不得逾法院所定補報債權之期限。	一、債權人於更生或清算程序應如何行使其權利，宜予明定，爰設第一項。又法院裁定開始更生或清算程序後，債權人非依上開程序不得行使其債權；且未於申報債權期限內申報債權者，可能產生失權之效果，附此敘明。 二、明定監督人或管理人收受債權申報之處理方式，並由法院公告其所作成之債權表，以昭公信，爰設第二項。 三、法院未選任監督人或管理人，而以司法事務官進行更生或清算程序時，宜由法院自行編造並公告債權表，爰設第三項。 四、債權人未依期限申報債權，係因不可歸責於己之事由，如仍不得依更生或清算程序受償，實非合理，此種情形，宜許其有補為申報之機會，爰設第四項。

第三十四條　消滅時效，因申報債權而中斷。	依民法第一百二十九條第二項第三款規定，消滅時效，因申報和解債權或破產債權而中斷，債權人依本條例所定更生或清算程序申報債權者，其性質與上開申報和解債權或破產債權相同，其時效亦應因之中斷，爰設本條。
第三十五條　債權人對於債務人之特定財產有優先權、質權、抵押權、留置權或其他擔保物權者，仍應依本條例規定申報債權。 　　監督人或管理人於必要時，得請求前項債權人交出其權利標的物或估定其價額。債權人無正當理由而不交出者，監督人或管理人得聲請法院將該標的物取交之。	一、對於債務人之特定財產有物的優先權、質權、抵押權、留置權或其他擔保物權之債權人，其優先權或擔保物權之標的物既屬債務人之財產，於更生或清算程序仍應負協力義務，並應於債權申報期間申報債權，俾監督人或管理人知悉該有優先權或擔保物權債權之內容及該優先權或別除權標的物是否足以清償所擔保之債權，爰明定有優先權或擔保物權之債權人仍應依規定申報債權。至有物的優先權或擔保物權之債權人未依規定申報，雖不生失權效果，仍依本條例各該規定（例如：第六十九條、第一百十三條）處理，惟其違反本條規定致其他債權人發生損害時，仍應負損害賠償責任，乃屬當然。 二、為防止有優先權或擔保物權之債權人以不當價格出賣標的物或繼續占有標的物而不行使權利，影響其他債權人之利益，爰設第二項。
第三十六條　對於債權人所申報之債權及其種類、數額或	一、更生或清算程序中，債權人所申報之債權及其種類、數額或順位，影響其他債權人及債務人之權益，應許監督人、管理人、

順位，監督人、管理人、債務人或其他利害關係人得於法院所定期間內提出異議。

前項異議，由法院裁定之，並應送達於異議人及受異議債權人。

對於前項裁定提起抗告，抗告法院於裁定前，應行言詞辯論。

對於第二項裁定提起抗告，不影響債權人會議決議之效力，受異議之債權於裁定確定前，仍依該裁定之內容行使權利。但依更生或清算程序所得受償之金額，應予提存。

債權人所申報之債權，未經依第一項規定異議或異議經裁定確定者，視為

債務人或其他利害關係人提出異議，爰設第一項。

二、監督人、管理人、債務人或其他利害關係人就債權人所申報之債權提出異議後，法院應就該受異議債權存否為實體審查，並以裁定確定之，為利異議人及受異議人判斷是否依本條第三項規定提起抗告，該等裁定有送達於渠等之必要，爰設第二項。

三、為免債權人所申報之債權遲未確定，影響更生或清算程序之迅速進行，法院就受異議之債權所為裁定，宜賦與確定實體權利之效力。基此，法院就受異議債權之存否應為實體審查，於異議人或受異議債權人提起抗告後，抗告法院於裁定前，應行言詞辯論，使各該當事人得充分就該受異議債權存否、數額、順位等爭議為事實上及法律上之陳述，並得聲明證據、提出攻擊防禦方法，及為適當完全之辯論，俾保障當事人之程序權，爰設第三項。

四、第一項之異議可能於第一次債權人會議後始行提出，法院就異議所為之裁定及利害關係人對該裁定提起抗告，亦將於第一次債權人會議決議之後，為避免妨礙程序安定與迅速進行，明定對法院就異議所為之裁定提起抗告，不影響債權人會議決議之效力。又為免抗告程序影響更生或清算程序之進行，明定受異議之債權於裁定確

確定，對債務人及全體債權人有確定判決同一之效力。	定前，仍依該裁定之內容行使其權利（例如：表決權），以利更生或清算程序之進行。爰設第四項。惟法院就受異議債權所為之裁定確定前，該債權存否仍有爭議，為保障債務人及其他債權人之權益，並避免債權人受領清償後，將來有難以追償之虞，爰設但書明定債權人依更生或清算程序所得受償之金額應予提存。 五、監督人、管理人、債務人或其他利害關係人對於債權人所申報之債權及其種類、數額或順位既均未提出異議，即足徵渠等對於該等債權之存否無所爭執。而監督人、管理人、債務人或其他利害關係人就債權人所申報之債權提出異議後，法院就受異議債權之存否所為之裁定即應為實體審查，於渠等提起抗告後，抗告法院裁定前，更應行言詞辯論，為免異議人、受異議債權人或其他利害關係人另行提起訴訟再為爭執，影響更生或清算程序之進行，於渠等程序權已獲充分保障之情形下，應賦與法院就受異議債權所為之裁定有確定實體權利之效力，以促進更生或清算程序之迅速進行。爰於第五項明定債權人所申報之債權，如未經異議或異議經法院裁定確定，該等債權即應視為確定，並對於債務人及全體債權人均發生與確定判決同一之效力。

第三十七條　關於債權之加入及其種類、數額或順位之爭議，經法院裁定確定者，監督人、管理人或法院應改編債權表並公告之。	關於債權之加入及其種類、數額或順位之爭議，經法院依第三十六條裁定確定後，製作人應即改編並公告債權表，爰設本條，以資明確。
第五節　權人會議	節　名
第三十八條　法院於必要時得依職權召集債權人會議。 　　法院召集債權人會議時，應預定期日、處所及其應議事項，於期日五日前公告之。	一、召集債權人會議，耗費人力、物力頗鉅，為避免召集非必要之債權人會議，明定法院對召集債權人會議有裁量權，即便監督人、管理人、利害關係人為聲請，亦於法院認為必要時，始依職權召集之，爰設第一項。 二、債權人會議之公告事項，除會議期日及應議事項外，召集會議之處所，亦應公告使債權人知悉。又為期債權人及早知悉，俾順利召集債權人會議，明定應於債權人會議期日五日前公告有關事項。爰設第二項。
第三十九條　債權人會議由法院指揮。 　　監督人或管理人應列席債權人會議。	一、債權人會議攸關債權人、債務人之權益，應由法院指揮會議之開閉、進行並維持議場秩序，以求債務清理程序進行之公平合法，爰設第一項，明定債權人會議由法院指揮。

	二、監督人或管理人於債權人會議中，依第五十八條、第一百二十條規定，有報告之義務，故應列席債權人會議，爰設第二項。
第四十條　債權人會議，債權人得以書面委任代理人出席。但同一代理人所代理之人數逾申報債權人人數十分之一者，其超過部分，法院得禁止之。	債權人會議旨在議決債務人提出之更生或清算方案等重要事項，債權人本得親自出席，如委任代理人出席，應以書面為之，以昭慎重。又為防止操縱，宜限制代理人所代理債權人之人數，爰明定同一代理人所代理之人數逾申報債權人總人數十分之一者，其超過部分，法院得禁止之。
第四十一條　債務人應出席債權人會議，並答覆法院、監督人、管理人或債權人之詢問。	債務人對其財產狀況有說明之義務，自應親自出席債權人會議，並答覆法院、監督人、管理人或債權人有關債務清理事項之詢問，以利程序之進行。
第二章　生	章　名
第一節　生之聲請及開始	節　名
第四十二條　債務人將來有繼續性或反覆性收入之望，且其無擔保或無優先權之債務總額未逾新臺幣一千萬元者，於法院裁定開	一、更生程序係以債務人將來收入作為償債來源，故應要求債務人將來須有一定收入之望，例如：固定薪資或報酬之繼續性收入，或雖無固定性，惟仍有持續性收入之望者，始適合利用更生程序。 二、債務人負債總額若過大，其因更生程序而被免責之負債額即相對提高，此對債權人

始清算程序或宣告破產前,得向法院聲請更生。 　　前項債務總額,司法院得因情勢需要,以命令增減之。	造成之不利益過鉅。且負債總額超過一定之數額,益可見其債務關係繁雜,亦不適於利用此簡易程序清理債務,自有限制其負債總額之必要。爰明定債務人之無擔保或無優先權債務總額未逾新臺幣一千萬元者,始得聲請更生。 三、更生程序係以債務人有清理債務之誠意,而提出更生方案為前提。若債務人無償債意願,縱強其進行更生程序,亦無更生之可能,故更生程序限於債務人始得聲請,債權人尚不得為債務人聲請之。 四、更生程序、清算程序、破產程序同為債務清理程序,為合理分配司法資源,避免程序浪費,明定債務人聲請更生,須於法院裁定開始清算程序或宣告破產前。 五、第一項所定債務總額如何始屬適當,應視我國經濟、國民所得成長及物價波動情形而定,為免輕重失衡,宜授權司法院得因應整體經濟及社會需求等情勢,以命令增減之,爰設第二項。
第四十三條　債務人聲請更生時,應提出財產及收入狀況說明書及其債權人、債務人清冊。 　　前項債權人清冊,應表明下列事項:	一、債務人聲請更生時,應提出財產及收入狀況說明書,及其債權人、債務人清冊等文書,俾利法院判斷是否具備更生之原因,以決定是否裁定開始更生程序,爰設第一項。並於第二項、第五項、第六項明定債務人所提債權人清冊、債務人清冊、財產及收入狀況說明書應表明之事項,俾便債務人得以遵循。又債務人所提之債權人、

一、債權人之姓名或名稱及地址，各債權之數額、原因及種類。

二、有擔保權或優先權之財產及其權利行使後不能受滿足清償之債權數額。

三、自用住宅借款債權。

有自用住宅借款債務之債務人聲請更生時，應同時表明其更生方案是否定自用住宅借款特別條款。

第二項第三款之自用住宅指債務人所有，供自己及家屬居住使用之建築物。如有二以上住宅，應限於其中主要供居住使用者。自用住宅借款

債務人清冊，應記載債權人、債務人之地址，如有不明，亦應表明其住居所不明之意旨，以利法院送達或通知，附此敘明。

二、為免自用住宅借款債權人於更生程序進行期間行使抵押權，致更生方案窒礙難行，有自用住宅借款債務之債務人於聲請更生時，應一併表明其更生方案是否定自用住宅特別條款（關於自用住宅特別條款之更生方案，詳參第五十四條、第五十五條規定），以限制自用住宅借款債權人行使抵押權，併使法院藉以判斷債務人所提更生方案之可行性，爰明定債務人聲請更生，應同時表明其更生方案是否定自用住宅借款特別條款，並設於第三項。

三、關於住宅及自用住宅借款債權之範圍，立法上應予明確界定，以利適用，並平衡保障關係人之權益，爰設第四項。

| 債權指債務人為建造或購買住宅或為其改良所必要之資金，包括取得住宅基地或其使用權利之資金，以住宅設定擔保向債權人借貸而約定分期償還之債權。

　　第一項債務人清冊，應表明債務人之姓名或名稱及地址，各債務之數額、原因、種類及擔保。

　　第一項財產及收入狀況說明書，應表明下列事項，並提出證明文件：

一、財產目錄，並其性質及所在地。

二、最近五年是否從事營業活動及平均每月營業額。

三、收入及必要支出之數額、原因及種類。 | |

四、 依法應受債務人扶養之人。	
第四十四條 法院認為必要時，得定期命債務人據實報告更生聲請前二年內財產變動之狀況，並對於前條所定事項補充陳述、提出關係文件或為其他必要之調查。	債務人於更生聲請前之財產變動狀況，足以影響其清償能力及更生方案之履行，法院受理更生聲請時，如認為必要，自得命債務人據實報告，供作法院是否裁定開始更生程序之參考。又債務人依前條規定所提事項如有不足，法院自亦得令其對於該等事項補充陳述，以明瞭債務人是否確有更生原因存在。至報告及陳述之方式究係通知債務人到場陳述，或令其以其他方法為之（如：提出書面陳述等），法院有彈性運用之權，附此敘明。
第四十五條 法院開始更生程序之裁定，應載明其年、月、日、時，並即時發生效力。 　　前項裁定，不得抗告。	一、法院裁定開始更生程序，其作成裁定之時點為何，對於利害關係人之權益影響重大，例如：更生程序開始後，對於債務人原則上不得開始或繼續訴訟及強制執行程序；更生債權指在裁定開始更生程序前成立之債權等，為杜爭議，裁定內自應載明法院作成裁定之時點，並即時發生效力之意旨，爰設第一項。 二、為求程序迅速進行，爰於第二項明定對於法院開始更生程序之裁定不得抗告。
第四十六條 更生之聲請有下列情形之一者，應駁回之： 一、債務人曾依本條例或破產法	更生程序係為保護有更生誠意之債務人而設，債務人如曾依本條例或破產法之規定而受刑之宣告；或經法院認可和解、更生或調協而未履行其條件；或不配合法院而為協力行為等，即足認其欠缺清理債務之誠意，且無聲請

之規定而受刑之宣告。 二、債務人曾經法院認可和解、更生或調協，而未履行其條件。 三、債務人經法院通知，無正當理由而不到場，或到場而不為真實之陳述，或拒絕提出關係文件或為財產變動狀況之報告。	更生之真意，自無加以保護之必要，爰設本條，明定更生開始之障礙事由。
第四十七條　法院裁定開始更生程序後，應即將下列事項公告之： 一、開始更生程序裁定之主文及其年、月、日、時。 二、選任監督人者，其姓名、住址；監督人	一、法院於裁定開始更生程序後，應將開始更生程序裁定之主文及其時點、監督人之姓名及地址、申報及補報債權期間、異議期間、失權效果、債權人會議期日及處所等事項公告，使債權人、債務人及其他利害關係人有所知悉，俾便申報債權、出席債權人會議，以利更生程序之進行，爰設第一項，明定法院應公告之事項。 二、為求更生程序迅速進行，法院應訂定申報債權、補報債權及提出異議之期間，爰設第二項。

為法人者，其名稱、法定代理人及事務所或營業所。 三、申報、補報債權之期間及債權人應於期間內向監督人申報債權；未選任監督人者，應向法院為之。其有證明文件者，並應提出之。 四、不依前款規定申報、補報債權之失權效果。 五、對於已申報、補報債權向法院提出異議之期間。 六、召集債權人會議者，其期日、處所及應議事項。	三、第一項公告之事項及債務人所提之債權人清冊對於債權人、債務人之權益影響重大，該等公告及清冊自宜送達於已知住居所、事務所或營業所之債權人，公告另應送達於債務人，俾渠等有所知悉，爰設第三項。 四、為簡化債權申報程序，債務人提出之債權人清冊已載明債權人及其債權內容者，視為債權人已於申報期間首日為同一內容之申報，爰設第四項。又已記載於債權人清冊之債權，既已視為申報，債權人未依限申報者，亦不生失權之效果，附此說明。

前項第三款申報債權之期間，應自開始更生程序之翌日起，為十日以上二十日以下；補報債權期間，應自申報債權期間屆滿之翌日起二十日以內。第五款異議期間應自補報債權期間屆滿之翌日起十日以內。 　　第一項公告及債權人清冊應送達於已知住居所、事務所或營業所之債權人，該公告另應送達於債務人。 　　債權人清冊已記載之債權人，視為其已於申報債權期間之首日為與清冊記載同一內容債權之申報。	
第四十八條　法院裁定開始更生程序後，對於債務人不	為便利更生之進行及避免程序重複，法院裁定開始更生程序後，對於債務人即不得開始或繼續訴訟及強制執行程序，爰設本條。惟有擔保

得開始或繼續訴訟及強制執行程序。但有擔保或有優先權之債權，其執行於更生程序無礙，並經法院許可者，不在此限。	或有優先權之債權，其聲請強制執行之程序倘對更生程序無礙，經法院許可後，不應妨礙其實現權利，爰設但書予以除外。
第四十九條　監督人之職務如下： 一、調查債務人之財產及收入之狀況，並向法院提出書面報告。 二、協助債務人作成更生方案。 三、試算無擔保及無優先權債權，於法院裁定開始更生程序時，依清算程序所得受償之總額。 四、其他依本條例規定或法院指定之事項。	一、監督人之職務應予明定，爰設第一項。 二、法院未選任監督人時，債務人之財產及收入狀況如何調查及作成報告，宜予明定，爰設第二項。

未選任監督人時，法院得定期命債務人提出財產及收入狀況報告書。	
第五十條　監督人應備置下列文書之原本、繕本或影本，供利害關係人閱覽或抄錄： 一、關於聲請更生之文書及更生方案。 二、債務人之財產及收入狀況報告書及其債權人、債務人清冊。 三、關於申報債權之文書及債權表。	監督人之職務包括調查債務人之財務及收入狀況、協助債務人作成更生方案、編造債權表等，持有更生程序相關文書，為便利利害關係人閱覽或抄錄，明定監督人應備置供利害關係人閱覽或抄錄之文書原本、繕本或影本。至法院未選任監督人之情形，利害關係人得依本條例第十五條準用民事訴訟法第二百四十二條規定，向法院書記官聲請閱覽或抄錄該等文書，乃屬當然。
第五十一條　法院應將債務人之財產及收入狀況報告書及更生方案公告之。	債務人之財產及收入狀況報告書及債務人所提出之更生方案，影響全體債權人之權益，為便於利害關係人知悉債務人財產資訊，爰設本條，明定法院應公告債務人之財產及收入狀況報告書及更生方案。
第五十二條　債權人於法院裁定開始更	一、債權人對於債務人負有債務者，為避免其債權依更生程序僅得受部分清償，而其所

生程序前對於債務人負有債務者，以於債權補報期間屆滿前得抵銷者為限，得於該期間屆滿前向債務人為抵銷，並通知監督人或向法院陳報。

　　有下列各款情形之一者，不得為抵銷：

一、債權人已知有更生聲請後而對債務人負債務。但其負債務係基於法定原因或基於其知悉以前所生之原因者，不在此限。

二、債務人之債務人在法院裁定開始更生程序後，對於債務人取得債權或取得他人之更生債權。

負債務卻應為全部清償之不公平現象，亦為防止債權人於更生程序開始後競相對於債務人負債務，俾主張抵銷而獲十足清償，致更生方案履行困難，爰明定得為抵銷者，以法院裁定開始更生程序前對於債務人所負之債務，且該債務於債權補報期間屆滿前得為抵銷者為限。另為免債權人抵銷權之行使，左右更生方案之內容，影響更生程序之進行，爰明定抵銷權之行使，應於債權補報期間屆滿前向債務人為之，始生抵銷之效力。又為使監督人或法院知悉債權人是否行使抵銷權，以編造債權表，爰另明定債權人行使抵銷權時，應通知監督人或向法院陳報。

二、債權人已知有更生聲請後而對債務人負債務；債務人之債務人在法院裁定開始更生程序後，對於債務人取得債權或取得他人之更生債權，或已知有更生聲請後而取得債權，如許其行使抵銷權，影響其他債權人公平受償，爰設第二項，明定不得抵銷之債權。惟債權人負債務及債務人之債務人取得債權係基於法定原因或基於其知悉以前所生之原因者，則無惡意，爰設但書予以除外。

三、債務人之債務人已知有更生聲請後而取得債權。但其取得係基於法定原因或基於其知悉以前所生之原因者，不在此限。	
第二節　生之可決及認可	節　名
第五十三條　債務人應於補報債權期間屆滿後十日內提出更生方案於法院。 　　更生方案應記載下列事項： 一、清償之成數。 二、三個月給付一次以上之分期清償方法。 三、最終清償期，自認可更生方案裁定確定之翌日起不得逾四年。但有特別情事者，得	一、為便利更生方案之作成，債務人聲請更生時，固無須提出更生方案，惟為免程序延滯，仍宜明定其提出期間，以利更生程序之迅速進行，爰設第一項。 二、更生方案之內容攸關債權人之權利變動及債務人之債務履行情形，為臻明確，更生方案應載明債權清償之成數、分期清償之方式及最終清償期等，以提高債務人之清償意願及保障債權人之利益。又為求更生程序之迅速進行，更生方案所定最終清償期宜予限制，惟為兼顧債務人之清償能力，避免更生方案訂定之最終清償期過短，致債務人每期應為給付之金額過高而無力履行，經考量我國國民平均所得額數及得依本條例適用更生程序之最高負債總額、最低清償成數等情，明定最終清償

延長為六年。 　　債務人未依限提出更生方案者，法院得裁定開始清算程序。	期，自認可更生方案裁定確定之翌日起不得逾四年，於有特別情事時，得延長為六年。爰設第二項。 三、債務人未依限提出更生方案，足認其欠缺更生誠意，為免債務人藉機拖延，法院得斟酌債務人不能清償之情形，裁定開始清算程序，俾迅速清理債務，保障債權人權益，爰設第三項。
第五十四條　債務人得與自用住宅借款債權人協議，於更生方案定自用住宅借款特別條款。但自用住宅另有其他擔保權且其權利人不同意更生方案者，不在此限。	為使負有自用住宅借款債務而瀕臨經濟困境之債務人，不必喪失其賴以居住之自用住宅而重建經濟生活，特設自用住宅借款特別條款制度，使債務人得於更生方案訂定以自用住宅借款延緩清償為內容之自用住宅借款特別條款，債務人如依該特別條款繼續清償，即可避免擔保權之行使。又債務人於提出該定有特別條款之更生方案前，如能與自用住宅借款債權人協議，必能作成適切之方案，有助於日後方案之履行，爰明定債務人得與自用住宅借款債權人協議，於更生方案就自用住宅借款債權定自用住宅借款特別條款。惟於自用住宅另有其他非擔保自用住宅借款之擔保權，且該權利人不同意更生方案時，即無法避免該債權人聲請拍賣自用住宅，於此情形，訂定該特別條款即無任何實益，爰設但書予以除外。
第五十五條　自用住宅借款特別條款不能依前條規定協議	一、債務人如未能依本條例第五十四條規定與債權人就自用住宅借款特別條款之內容達成協議，為避免債務人因而喪失其賴

時，該借款契約雖有債務人因喪失期限利益而清償期屆至之約定，債務人仍得不受其拘束，遞依下列各款方式之一定之：

一、就原約定自用住宅借款債務未清償之本金、已到期之利息及法院裁定開始更生程序前已發生之違約金總額，於原約定最後清償期前，按月平均攤還，並於各期給付時，就未清償本金，依原約定利率計付利息。

二、於更生方案所定最終清償期屆至前，僅就原約定自用住

以居住之自用住宅而無法履行更生方案，爰明定自用住宅借款特別條款之最低標準，使債務人得於該標準以上之範圍內，自行擬定此特別條款。

二、為協助負有自用住宅借款債務而瀕臨經濟困境之債務人重建經濟生活，並兼顧自用住宅借款債權人之權益，明定自用住宅借款特別條款法定內容，於自用住宅借款特別條款，不能依本條例第五十四條規定協議時，縱該借款契約有因喪失期限利益而清償期屆至之約定（例如：約定分期清償者，債務人一期遲延給付，視為全部到期之約定），債務人亦不受該約定之拘束，而得遞行訂定自用住宅借款特別條款。其內容之一係將原約定自用住宅借款債務未清償之本金、已到期之利息、法院裁定開始更生程序前已發生之違約金等債務加總後，於原約定最後清償期前，按月平均攤還，並於各期給付時，就未清償本金，依原約定利率計付利息；其內容之二係於更生方案所定最終清償期屆至前，僅就原約定自用住宅借款債務未清償本金，依原約定利率按月計付利息，最終清償期屆至後，再將該本金、前已到期之利息及法院裁定開始更生程序前已發生之違約金等債務加總後，於原約定最後清償期前，按月平均攤還，並於各期給付

宅借款債務未清償本金，依原約定利率按月計付利息；該期限屆至後，就該本金、前已到期之利息及法院裁定開始更生程序前已發生之違約金總額，於原約定最後清償期前，按月平均攤還，並於各期給付時，就未清償本金，依原約定利率計付利息。 自用住宅借款債務原約定最後清償期之殘餘期間較更生方案所定最終清償期為短者，得延長至該最終清償期。	時，就未清償本金，依原約定利率計付利息。爰設第一項。又原約定最後清償期短於或等於更生方案所定最終清償期之情形，除符合第三項規定延長履行期限，而使該期間較更生方案所定最終清償期為長者外，僅能適用第一項第一款規定定其自用住宅借款特別條款之內容，尚無適用第一項第二款規定之餘地，附此敘明。 三、自用住宅借款契約殘餘之清償期間較依第五十三條第二項第二款所定期間為短者，如依該殘餘期間計算債務人每月應攤還金額，債務人恐無力清償，為確保更生方案之履行，明定自用住宅借款之清償期限得延長至第五十二條第二項第三款所定之最終清償期，爰設第二項。 四、債務人依本條第一項、第二項所定期限履行自用住宅借款特別條款，如顯有重大困難，為免其喪失賴以居住之自用住宅而無法重建經濟生活，明定其自用住宅借款特別條款所定履行期限得再延長。惟為兼顧自用住宅借款債權人之權益，其延長期限不宜過長，明定其僅得再延長其履行期限至四年。爰設第三項。 五、債務人延長履行期限，已獲得期限利益，其於延長期限內，就未清償之本金，自應依原約定利率計付利息，以保障自用住宅借款債權人之權益，爰設第四項。

債務人依前二項期限履行，顯有重大困難時，得再延長其履行期限至四年。 　　依前二項延長期限，應就未清償本金，依原約定利率計付利息。	
第五十六條　下列債權，非經債權人之同意，不得減免其債務： 一、罰金、罰鍰、怠金及追徵金。 二、債務人因故意侵權行為所生損害賠償之債務。 三、債務人履行法定扶養義務之費用。 　　前項未經債權人同意減免之債權，於更生方案所定清償期間屆滿後，債務人仍應負清償責任。	一、更生程序係保持債務人之財產，並減免其部分責任後，促其履行債務，惟涉及重大公益及私益之債權，不宜減免其責任，爰設第一項，明定非免責債權。 二、非免責債權，僅止於期限之猶豫，更生方案所定清償期間屆滿後，債務人仍應負清償責任，爰設第二項。

第五十七條　債務人有下列情形之一者，法院得裁定開始清算程序：	為求更生程序迅速進行，爰設本條，明定債務人於特殊情事下，由法院依職權以裁定將更生程序轉為清算程序：
一、無正當理由不出席債權人會議或不回答詢問。	(一) 債務人有出席債權人會議及答覆詢問之義務，為本條例第四十一條所明定，債務人無正當理由不出席債權人會議，或雖出席會議，而不回答詢問，均足認其欠缺更生誠意，為免債務人藉機拖延，法院得斟酌債務人不能清償債務之情形，裁定開始清算程序，俾迅速清理債務，保障債權人權益。爰設第一款。
二、不遵守法院之裁定或命令，致更生程序無法進行。	(二) 法院為更生程序迅速進行，以裁定或命令要求債務人為必要之作為乃程序之所需。如債務人不遵守，易使更生程序拖延，浪費司法資源及損害債權人之權益，爰設第二款。
第五十八條　債權人會議時，監督人應提出債權表，依據調查結果提出債務人資產表，報告債務人財產及收入之狀況，並陳述對債務人所提出更生方案之意見。 　　更生條件應由債權人與債務人自	一、為利於債權人會議就更生方案等重大事項之議決，監督人應提出債權表及債務人資產表，並負一定之說明義務，俾債權人瞭解債務人之財產現狀，爰設第一項。 二、為期債權人會議可決之更生方案，迅速獲得法院認可，法院指揮債權人會議進行時，關於更生條件，除應力謀雙方之妥協外，並應力謀更生條件之公允，爰設第二項。

由磋商，法院應力謀雙方之妥協及更生條件之公允。	
第五十九條　債務人提出之更生方案，如有保證人、提供擔保之人或其他共同負擔債務之人，得列席債權人會議陳述意見。 　　　法院應將債權人會議期日及更生方案之內容通知前項之人。	一、就債務人所提更生方案之履行，為債務人之保證人、提供擔保之人或其他共同負擔債務之人，於更生程序具有利害關係，且為債權人會議是否可決更生方案之關鍵，宜使渠等列席債權人會議，並陳述意見，以兼顧渠等之權益及更生程序之順利進行，爰設第一項。 二、為便利債務人之保證人等列席債權人會議，爰設第二項。
第六十條　債權人會議可決更生方案時，應有出席已申報無擔保及無優先權債權人過半數之同意，而其所代表之債權額，並應逾已申報無擔保及無優先權總債權額之二分之一。 　　　計算前項債權，應扣除劣後債權。	一、債權人會議可決更生方案時，其計算可決基準之總債權額數，應併計無擔保債權人與無優先權債權人，且該總債權額數應以已申報者為限。又為使更生方案易為可決，逾絕對半數之債權人同意，而其所表之債權額，逾已申報無擔保及無優先權總債權額之二分之一時，即可可決更生方案。爰設第一項。 二、劣後債權僅得就其他債權受償餘額而受清償，為促進更生方案之可決，不宜賦與該債權人就更生方案之可決有表決權，爰設第二項。

更生方案定有自用住宅借款特別條款者,該借款債權人對於更生方案無表決權。	三、法定自用住宅借款特別條款之內容,已足以保障自用住宅借款債權人之利益,就該特別條款自無徵求其同意之必要,為促成更生方案之可決,並保障其他債權人之權益,爰設第三項。
第六十一條　法院得將更生方案之內容及債務人財產及收入狀況報告書通知債權人,命債權人於法院所定期間內以書面確答是否同意該方案,逾期不為確答,視為同意。 　　同意及視為同意更生方案之已申報無擔保及無優先權債權人過半數,且其所代表之債權額,逾已申報無擔保及無優先權總債權額之二分之一時,視為債權人會議可決更生方案。 　　前條第二項、第三項規定,於前項情形準用之。	一、為促進更生程序,宜使法院得採行書面決議方式可決更生方案,且其方式係以消極同意之方式為之,亦即除債權人於法院所定期間內以書面確答不同意者外,均視為同意更生方案,爰設第一項。 二、法院採行書面決議方式可決更生方案,係將原由債權人開會決議之事項,改以書面方式決議之,其目的均在確認債權人是否可決債務人所提之更生方案,爰設第二項,明定書面決議結果,同意及視為同意之已申報無擔保及無優先權債權人過半數,且其所代表之債權額,逾已申報無擔保及無優先權總債權額二分之一時,即生債權人會議可決更生方案之擬制效果。 三、法院採行書面決議及債權人會議決議是否可決更生方案,其目的既均為確認債權人是否可決債務人所提之更生方案,其決議條件及有表決權債權人人數、債權額數之計算基準允宜一致,爰設第三項,明定本條例第六十條第二項、第三項規定,於法院採行書面決議方式可決更生方案之情形準用之。

第六十二條　更生方案未依前二條規定可決時，除有第六十五條規定之情形外，法院應以裁定開始清算程序。	更生方案未經債權人會議或書面決議可決時，除有第六十五條所定法院得以裁定認可更生方案之情形外，更生程序已不能繼續，為清理債務人之債務，宜由法院斟酌情形，以裁定開始清算程序，爰設本條。
第六十三條　更生方案經可決者，法院應為認可與否之裁定。 　　前項裁定應公告之，認可之裁定並應通知不同意更生方案之債權人。 　　對於第一項認可之裁定提起抗告者，以不同意更生方案之債權人為限。	一、為免多數債權人恣意操控更生方案之內容，影響債務人及其他債權人之權益，更生方案經債權人會議可決後，仍應由法院就更生方案之內容是否公允、有無違反本條例第六十四條規定情事等加以審查，而為認可與否之裁定，以保障債務人及全體債權人之權益，爰設第一項。 二、法院所為更生方案認可與否之裁定應公告之，以使所有利害關係人有所知悉。惟不同意更生方案之債權人既得對法院認可之裁定提起抗告，為保障其權益，自有將裁定通知該等債權人促其注意之必要，爰設第二項。 三、法院認可更生方案之裁定，影響債務人及債權人之權益至鉅，債權人不同意更生方案時，應使之有救濟途徑，爰設第三項，明定不同意更生方案之債權人得對法院認可之裁定提起抗告。
第六十四條　有下列情形之一者，法院應不認可更生方案：	一、更生方案經債權人會議可決，法院原則上應予認可，為免更生方案對部分債權人不利或更生方案、更生程序有不合法情事，明定法院應不認可更生方案之情形。

一、債權人會議可決之更生方案對不同意或未出席之債權人不公允。	(一) 為維護少數債權人之權益，債權人會議可決之更生條件對不同意或未出席會議之債權人不公允者，法院應不予認可，爰設第一款。
二、更生程序違背法律規定而不能補正。	(二) 更生程序違背法律規定，例如：非債權人出席債權人會議並參加表決、決議程序違背法律規定等情形，如屬不能補正，法院應不認可更生方案，爰設第二款。
三、更生方案違反法律強制或禁止規定，或有背於公序良俗。	(三) 更生方案之內容違反法律強制或禁止規定或有背於公序良俗者，均屬無效，法院應不予認可，爰設第三款。
四、以不正當方法使更生方案可決。	(四) 債務人或債權人以不正當方法，例如詐欺、脅迫等，使更生方案可決者，法院亦不應認可，以避免債務人或債權人遂行其不法，影響他人權益，爰設第四款。
五、債務人將來無繼續性或反覆性收入之望。	(五) 更生程序係以債務人將來收入作為償債來源，債務人將來如無繼續性或反覆性收入之可能，即無履行更生方案之可能，法院自不應認可更生方案，爰設第五款。
六、已申報無擔保及無優先權之債權總額逾新臺幣一千萬元。	(六) 債務人負債總額若過大，其因更生程序而被免責之負債額即相對提高，此對債權人造成之不利益過鉅，為保障債權人之權益，法院應不認可更生方案，爰設第六款。
七、清償之成數未達債權總額百分之二十。	

八、更生方案定有
　　自用住宅借款
　　特別條款，而
　　債務人仍有喪
　　失住宅或其基
　　地之所有權或
　　使用權之虞。
九、更生方案無履
　　行可能。
　　前項第六款、
第七款所定債權總
額、清償成數，司
法院得因情勢需
要，以命令增減
之。

(七) 債務人清償之成數未達債權總額百分
　　之二十，其清償總額過低，如許其更
　　生，並予免責，非惟與國民道德情感相
　　悖，債權人之權益亦無以保障，法院自
　　不應認可更生方案，爰設第七款。
(八) 債務人以其自用住宅為擔保設定數順
　　位抵押權，而其所擔保之債權，除自用
　　住宅借款債權外，另包括其他債權之情
　　形（例如：為他人提供擔保或為擔保其
　　他借款債權而設定抵押權等），更生方
　　案縱定有自用住宅借款特別條款，亦無
　　法避免其他抵押權之行使，債務人仍有
　　喪失住宅或其基地之所有權或使用權
　　之可能，於此情形，更生方案恐無履行
　　之可能，法院自不應逕行裁定認可更生
　　方案，爰設第八款。
(九) 更生程序係債務人依其所提方案履
　　行，減免部分責任後，促其更生之程
　　序，更生方案如無履行之可能，法院自
　　無認可其更生方案之必要，爰設第九
　　款。
二、第一項第六款、第七款所定債權總額、清
　　償成數，其金額、成數如何始屬適當，應
　　視我國經濟、國民所得成長及物價波動情
　　形而定，為免輕重失衡，宜授權司法院得
　　因應整體經濟及社會需求等情勢，以命令
　　增減該等金額、成數，爰設第二項。

第六十五條　債務人
　有薪資、執行業務
　所得或其他固定收
　入，法院認更生方
　案之條件公允者，
　得不經債權人會議
　可決，逕依債務人
　之聲請或依職權以
　裁定認可更生方案。
　　　有下列情形之
　一者，法院不得為
　前項之認可：
一、債務人於七年
　　內曾依破產法
　　或本條例規定
　　受免責。
二、有前條第一項
　　各款情形之
　　一。
三、無擔保及無優
　　先權債權受償
　　總額，顯低於
　　法院裁定開始
　　更生程序時，
　　依清算程序所
　　得受償之總
　　額。

一、債務人如有薪資、執行業務所得（例如：
　　計程車司機之執行業務所得）等固定收
　　入，並將其可處分所得之一定部分充為清
　　償，於債權人之權益已有保障，其更生程
　　序應更為簡易、迅速。故債務人提出之更
　　生方案，倘法院認為其條件公允，得不待
　　債權人會議可決，逕依債務人之聲請或依
　　職權以裁定認可之，爰設第一項。
二、為確保債權人之權益，明定不得逕行認可
　　更生方案之事由。
（一）債務人七年內曾依破產法或本條例所
　　　定程序減免責任，現經濟復瀕臨破產而
　　　擬進行更生程序，顯見其經濟狀況、理
　　　財能力等非無斟酌之餘地，則有關債務人
　　　清償能力如何、能否依更生方案履行、
　　　該更生方案應否可決等事項，宜由債權
　　　人自行決定，不應由法院逕行裁定認
　　　可，爰設第一款。
（二）有第六十四條第一項各款情形之一
　　　者，法院本即不應認可更生方案，舉重
　　　以明輕，法院自無逕行裁定認可更方案
　　　之餘地，爰設第二款。
（三）更生程序係以債務人將來有繼續性及
　　　反覆性收入之望為前提，立法鼓勵債務
　　　人利用更生程序，避免清算程序，無非
　　　在於更生程序對於債權人較為有利，可
　　　使債權人獲得較高之清償額數，而債務

四、無擔保及無優先權債權受償總額，低於債務人聲請更生前二年間，可處分所得扣除自己及依法應受其扶養者所必要生活費用之數額。 　　法院為第一項認可裁定前，應將更生方案之內容及債務人之財產及收入狀況報告書通知債權人，並使債權人有陳述意見之機會。	人復得以藉更生程序獲得重建，倘無擔保及無優先權債權於更生程序所得受償之總額，顯低於法院裁定開始更生程序時，依清算程序可能受償之總額，即與上開立法本旨相違，為保障債權人之權益，法院自不應逕行認可更生方案，爰設第三款。 (四) 無擔保及無優先權債權受償總額低於債務人聲請更生前二年間，可處分所得扣除自己及依法應受其扶養者所必要生活費用之數額者，債權人受償額數過低，對於債權人造成之不利益過鉅，法院自不應逕行認可更生方案，爰設第四款。又所謂依法應受其扶養者所必要生活費用之數額，乃指債務人對於依民法負有法定扶養義務之親屬或家屬，實際上已支付必要生活費用者而言，附此說明。 三、更生方案之內容攸關債權人之權利變動及債務人之債務履行情形，對債權人之權益影響甚鉅，為保障債權人之程序權及實體權，並使法院正確判斷有無逕行裁定認可更生方案之必要，應賦與債權人獲得一定資訊及陳述意見之機會，爰於第三項明定法院逕行裁定認可更生方案前，應將更生方案之內容及監督人或債務人依本條例第四十九條規定所提債務人之財產及收入狀況報告書通知債權人，並使債權人有陳述意見之機會。惟債權人所為之陳述，

	僅供法院判斷是否逕行裁定認可更生方案之參考,並無拘束法院之效力,附此敘明。
第六十六條 法院裁定不認可更生方案時,應同時裁定開始清算程序。 　　對於不認可更生方案之裁定提起抗告者,前項開始清算程序之裁定,並受抗告法院之裁判。 　　第一項裁定確定時,始得進行清算程序。	一、更生方案不為法院認可時,即不能依更生程序清理其債務,應由法院裁定開始清算程序。為使裁判一致,法院不認可更生方案及開始清算程序之裁定,允宜同時為之。爰設第一項。 二、開始清算程序之裁定,係以法院不認可更生方案為前提,法院不認可更生方案之裁定是否獲抗告法院維持,影響債務人清算程序之存否,故對於不認可更生方案之裁定提起抗告者,該開始清算程序之裁定應並受抗告法院之裁判,以免裁判分歧,爰設第二項。 三、法院為不認可更生方案之裁定時,應同時裁定開始清算程序,如旋即進行清算程序,於該不認可更生方案之裁定經抗告法院廢棄時,已進行之清算程序應如何處置,易滋疑義,爰設第三項,明定不認可更生方案之裁定確定時,始得進行清算程序。
第六十七條 更生程序於更生方案認可裁定確定時終結。	為促進程序,更生程序不置監督履行制度,其程序於更生方案認可裁定確定時終結,爰設本條。又更生程序既已終結,原依本條例第四十八條規定停止之強制執行程序,停止原因消滅,自應依本條例第七十條、第七十一條規定辦理,乃屬當然。

第六十八條　更生方案經法院裁定認可確定後，除本條例別有規定外，對於全體債權人均有效力。其定有自用住宅借款特別條款者，該借款債權人並受拘束；對於債務人有求償權之共同債務人、保證人或為其提供擔保之第三人，亦同。	為促使債權人利用更生程序統一清理債務人之債務，以利債務人重建，爰明定更生方案一經法院裁定認可確定，除本條例別有規定外（例如：有擔保或優先權之債權），不論債權人是否參加債權人會議、是否同意更生方案，均應受更生方案之拘束。又更生方案定有自用住宅借款特別條款者，如該方案之效力不及於自用住宅借款債權人，鼓勵債務人依更生方案履行債務，限制自用住宅借款債權人行使其擔保權，以確保債務人自用住宅不致喪失之目的即無以貫徹，故不論自用住宅特別條款係債務人依第五十四條規定與債權人協議，抑或依第五十五條規定定之，該自用住宅借款債權人均應受其拘束。再者，債務人之共同債務人、保證人或為其提供擔保之第三人清償債務人之債務後，承受債權人之權利，該債權之擔保及其他從屬權利亦隨同移轉於該共同債務人等，如該等債務人不受更生方案之拘束，復行使其擔保權，債務人之自用住宅仍有遭拍賣之虞，更生方案即無履行可能，爰明定對於債務人有求償權之共同債務人、保證人或為其提供擔保之第三人，亦受其拘束。
第六十九條　更生不影響有擔保或有優先權之債權人之權利。但本條例別有規定或經該債權人	有抵押權、質權、留置權等擔保物權，或依法優先受償之債權，其權利之行使，本居於優越之地位，得就擔保物或優先權所附之權利取償而滿足其債權，自不因更生程序而蒙受不利益。惟該債權人如同意更生方案之內容，或本

同意者，不在此限。	條例別有規定之情形，仍應受更生方案之拘束，例如：依本條例第四十八條規定，法院裁定開始更生程序後，對於債務人不得開始或繼續訴訟及強制執行程序，有擔保或有優先權之債權，須其執行於更生程序無礙，且經法院許可者，始得為之；又依第六十八條規定，定住宅借款債權特別條款更生方案之認可裁定確定時，其效力及於擔保權人等情形均是，爰設但書予以除外。
第七十條　更生程序終結時，除本條例別有規定外，依第十九條所為之保全處分失其效力；依第四十八條不得繼續之強制執行程序，視為終結。	一、更生程序終結時，原依本條例第十九條所為之保全處分及第四十八條不得繼續之強制執行程序，應為如何之處理，宜予明定，爰設本條。 （一）法院依本條例第十九條規定所為之保全處分，其目的在於防杜債務人之財產於法院就更生之聲請為准駁之裁定前不當減少，影響債權人公平受償，不利於更生方案之可決，致債務人未能獲得重建之機會，更生程序既已終結，其保全之目的已達，自無繼續存在之必要，爰明定依本條例第十九條規定所為之保全處分失其效力。 （二）更生方案經法院裁定認可確定後，除本條例別有規定外，例如：第七十一條所定非更生方案效力所及之有擔保或有優先權債權人；第五十七條、第六十六條、第七十七條所定法院應裁定開始清

	算程序之情形等，對於全體債權人均有效力，此際，債權人僅得依更生條件受清償，而不得對債務人強制執行。且更生程序終結後，已進行之強制執行程序，如不予終結，並撤銷已為之強制執行程序，將致債務人無法利用遭強制執行之財產，而不能依更生條件履行，自有先予終結，撤銷強制執行程序之必要。強制執行程序終結後，債務人如未依更生條件履行，債權人自得再聲請強制執行。爰明定依第四十八條規定不得繼續之強制執行程序，視為終結。又債權人依本條例第七十五條第一項規定聲請強制執行時，因其先後請求實現之債權同一，自無庸再行繳納執行費，乃屬當然。 二、債權人所申報之債權，未經依本條例第三十六條第一項規定異議或異議經裁定確定者，視為確定，對於債務人及全體債權人有確定判決同一之效力，本條例第三十六條第五項定有明文。而經認可之更生方案，除本條例別有規定外，對於全體債權人均有效力，復為本條例第六十八條所明定。是以，更生程序終結後，除本條例別有規定外，例如：第七十一條所定非更生方案效力所及之有擔保或有優先權債權人；第七十四條但書所定因不可歸責於債權人之事由

	致未申報債權；第五十七條、第六十六條、第七十七條所定法院應裁定開始清算程序之情形等，債權人之債權如未申報，即生失權之效果，如已申報，即視為確定，對債務人及全體債權人有確定判決同一之效力，以該債權為訴訟標的之訴訟，或生失權之效果，或為既判力效力所及，法院均應予駁回。至本條例有特別規定之非更生方案效力所及之有擔保或有優先權債權、因不可歸責於債權人之事由致未申報之債權，因該等債權未於更生程序申報債權，無從依異議程序加以確定，如有爭議，即有開始或繼續訴訟之必要，以該債權為訴訟標的之訴訟，法院自應為實體裁判，附此敘明。
第七十一條　更生方案效力所不及之有擔保或有優先權債權人，於更生程序終結後，得開始或繼續強制執行程序。 　　對於債務人之財產有優先權或擔保權之債權人聲請強制執行時，債務人得於拍賣公告前	一、為利更生程序之進行，法院裁定開始更生程序後，有擔保或有物之優先權之債權，其執行如有礙於更生程序，本條例第四十八條明定其不得對於債務人開始或繼續強制執行程序。更生程序既已終結，該有擔保或有物之優先權債權人復為更生方案效力所不及，自無繼續限制其實現權利之理，爰設第一項。至定自用住宅借款特別條款之更生方案，其效力及於擔保權人，為本條例第六十八條所明定，該擔保權人於更生程序終結後仍應受其限制，不得開始或繼續強制執行，乃屬當然。

向執行法院聲明，願按拍定或債權人承受之價額，提出現款消滅該標的物上之優先權及擔保權。

前項情形，債務人未於受執行法院通知後七日內繳足現款者，仍由拍定人買受或債權人承受。

第二項拍賣標的物為土地者，其價額應扣除土地增值稅。

前三項規定，於依其他法律所為之拍賣，準用之。

二、更生方案效力所不及之有擔保或有物之優先權債權人，對該優先權或擔保權之標的物聲請強制執行時，債務人如願清償債務以避免強制執行，對該債權人並無不利，宜許其優先為之，爰設第二項，明定債務人得於標的物拍賣公告前向執行法院聲明按照拍定或債權人承受之價額，提出現款以消滅該標的物上之優先權及擔保權。又債務人優先按拍定或債權人承受之價額提出現款清償以避免強制執行之權利，影響拍定人或債權人之權益甚鉅，該等事項宜於拍賣公告一併公告之，俾投標人或債權人事先知悉以評估是否參與投標或聲明承受，為利執行法院進行公告，明定債務人於標的物拍賣公告前即須向執行法院聲明，附此敘明。

三、債務人聲明願依第二項規定提出現款消滅優先權及擔保權者，為避免債務人事後反悔，致法律關係懸而不決，爰設第三項，明定債務人於受執行法院通知後七日內，未繳足現款者，即由原強制執行程序之拍定人買受，或交由債權人承受。

四、第二項拍賣標的物為土地者，有擔保及優先權之債權人得優先受償之金額，為拍定或承受之價額扣除土地增值稅應繳稅額之餘額，爰設第四項，明定債務人提出之現款金額，應扣除土地增值稅。

	五、為利更生方案之履行，第二項至第四項之規定，於依其他法律規定所為之拍賣（例如：依動產擔保交易法第十九條、金融機構合併法第十五條第一項第三款規定所為之拍賣），亦宜準用之，爰設第四項，以杜爭議。
第七十二條　債權人對於債務人之共同債務人、保證人或為其提供擔保之第三人所有之權利，不因更生而受影響。	更生方案如減免債務人一部分債務，債權人勢必遭受損失，此際，共同債務人、保證人或為其提供擔保之第三人適得以發揮其填補債務人不能清償之責任，如使共同債務人、保證人或為其提供擔保之第三人同減免其責任，債權人勢必阻撓更生方案之可決，以保障自身權益，此與鼓勵債務人利用更生程序，避免清算之立法目的相違，故債權人對於債務人之共同債務人、保證人或為其提供擔保之第三人所有之權利，不因更生而受影響，爰設本條。
第七十三條　債務人對債權人允許更生方案所未定之額外利益者，其允許不生效力。	更生方案一經法院裁定認可確定，債務人及全體債權人即應受其內容拘束，債務人如對部分債權人允許更生方案所未定之額外利益，對於其他債權人之權益有所損害，違反公平受償原則，爰設本條明定債務人此種不公平允許行為絕對無效。
第三節　生之履行及免責	節　名
第七十四條　債務人依更生條件全部履行完畢者，除本條	更生方案經法院裁定認可確定後，對於全體債權人均有效力，為本條例第六十八條所明定，則於債務人依更生條件全部履行完畢後，除本

例別有規定外，已申報之債權未受清償部分及未申報之債權，均視為消滅。但其未申報係因不可歸責於債權人之事由者，債務人仍應依更生條件負履行之責。	條例別有規定外，例如：第五十六條之非免責債權等，同意及不同意更生條件之債權人均不得再就已申報之債權未受清償部分，另向債務人請求，爰明定債權人已申報之債權未受清償部分，視為消滅，以符合更生之本質及鼓勵債務人利用更生程序清理債務，達重建復甦之旨。又為促使債權人於更生程序申報債權，俾於更生程序統一清理債務，以利債務人重建，債權人未於更生程序申報債權者，於債務人依更生條件全部履行完畢後，該未申報之債權，亦應視為消滅。惟債權人因不可歸責於己之事由，致未於更生程序申報或補報債權，如亦令其債權視為消滅，未免不公，爰設但書予以除外，明定債務人仍應依更生條件負履行之責，以兼顧該債權人之權益。
第七十五條　更生方案經法院裁定認可確定後，債務人未依更生條件履行者，債權人得以之為執行名義，聲請對債務人及更生之保證人、提供擔保之人或其他共同負擔債務之人為強制執行。但債權人之債權有第三十六條	一、更生方案經法院裁定認可確定後，為達督促債務人履行更生條件之目的，應賦與債權人得以該更生方案及法院認可裁定為執行名義，聲請對債務人強制執行之權。又為求迅速清理債務，執行名義之效力應使擴張及於更生之保證人、提供擔保之人或其他共同負擔債務之人。爰設本條。惟債權人所申報之債權及其種類、數額或順位，業經監督人、債務人或其他利害關係人依本條例第三十六條規定提出異議，而未經裁定確定者，其債權之存否、受償順位等即仍有爭執，自難准其逕為強制執行

之異議，而未裁定確定者，不在此限。 　　債權人聲請對債務人為強制執行時，法院得依債務人之聲請或依職權裁定開始清算程序。	之聲請，爰設但書予以除外。 二、債權人以債務人未依更生條件履行為由，依第一項規定聲請強制執行時，如債務人已無清償能力，且其債權人尚有多數，宜由法院依債務人之聲請或依職權，斟酌債務人之財產狀況及不能清償債務情形，裁定開始清算程序，以統一清理其債務，爰設第二項。又法院斟酌情形，發現債權人人數僅一、二人，或債務人尚未清償之數額所剩無幾，為免開始清算程序後，債權人之債權及其依更生條件所受之清償，復須重行計算、重行分配，造成程序浪費，並影響其他債權人之權益，自有權裁量不予開始清算程序，附此敘明。
第七十六條　更生方案經法院裁定認可確定後，債務人因不可歸責於己之事由，致履行顯有困難者，得聲請法院裁定延長其履行期限。但延長之期限不得逾二年。 　　前項延長期限顯有重大困難，債務人對各債權人之清償額已達原定數	一、更生方案經法院裁定認可確定後，債務人因病住院、失業或其他未能預料之情事發生，致更生方案履行顯有困難時，應賦與債務人救濟之道，始能貫徹更生之意旨，爰明定債務人因不可歸責於己之事由，致更生方案履行顯有困難時，得聲請法院裁定延長其履行期限。又為求更生程序之迅速進行，避免延長履行期限影響債權人之權益及債務人之重建，延長之期限宜予限制，爰明定延長之履行期限不得逾二年。 二、更生方案履行顯有困難，即便法院延長其期限，亦無履行之可能時，更生程序已屬不能繼續，原宜由法院斟酌情形，以裁定

額四分之三，且無擔保及無優先權債權受償總額已逾依清算程序所得受償之總額時，法院得依債務人之聲請，為免責之裁定。但於裁定前，應使債權人有陳述意見之機會。 　　前二項規定，於定自用住宅借款特別條款之債權不適用之。	開始清算程序。惟更生方案履行困難如不可歸責於債務人，且其對各債權人之清償額復已達原定數額四分之三，無擔保及無優先權債權受償總額亦已逾依清算程序所得受償之總額，此際，債權人之權益實已獲得保障，如強令債務人開始清算程序，剝奪其更生之機會，未免過苛，爰明定法院得依債務人之聲請，以裁定免除該未依更生方案履行之債務。惟上開免除債務之裁定對債權人之權益影響甚鉅，為保障債權人之程序權及實體權，應賦與其陳述意見之機會，爰明定法院於裁定前，應使債權人有陳述意見之機會。 三、本條第一項、第二項所定困難免責之情形僅適用於無擔保及無優先權之債權，有關自用住宅借款債權之履行方式，例如：履行期限是否延長等，應由債務人於定自用住宅借款特別條款時，依第五十四條與債權人協議，或依第五十五條所定履行方式定之，尚無本條第一項、第二項之適用，為臻明確，爰設第三項。
第七十七條　自法院認可更生方案之翌日起一年內，發見債務人有虛報債務、隱匿財產，或對於債權人中之一	一、債務人於更生方案認可前，有虛報債務、隱匿財產，或對於債權人中之一人或數人允許額外利益等詐欺更生情事，惟債權人於法院認可更生方案後始查悉者，自應許債權人有權聲請法院撤銷更生，由法院斟酌其情事，為是否撤銷更生之裁定，以避

人或數人允許額外利益之情事者,法院得依債權人之聲請裁定撤銷更生。 　　前項情形,法院應同時裁定開始清算程序。但於裁定前,應使債權人、債務人有陳述意見之機會。 　　前二項裁定,不得抗告。	免更生制度遭濫用,並兼顧全體債權人之權益,爰設第一項。 二、更生經法院撤銷後,更生程序已不能續行,為利債務之清理,法院應同時裁定開始清算程序。惟法院撤銷更生,改以清算程序清理債務,影響債權人、債務人之權益甚鉅,為保障渠等之權益,法院於裁定前,應使渠等有陳述意見之機會。爰設第二項。 三、法院裁定撤銷更生及開始清算程序前,既已賦與債務人及全體債權人陳述意見之機會,為免債務人藉提起抗告拖延程序,並兼顧全體債權人之權益,明定對於撤銷更生及開始清算程序之裁定不得抗告,爰設第三項。
第七十八條　第三人因更生所為之擔保或負擔之債務,不因法院撤銷更生而受影響。	更生方案如無第三人提供擔保或為債務之負擔,恐不易經債權人同意而可決,債務人因有虛報債務等詐欺更生情事,經法院撤銷更生時,該等不利益不宜由債權人承擔,第三人仍應就其所為之擔保或負擔之債務負責,以確保債權人之權益,爰設本條。
第七十九條　法院裁定開始更生程序後,債務人免責前,法院裁定開始清算程序,其已進行之更生程序,適	一、法院裁定開始更生程序後,債務人免責前,法院斟酌債務人不能清償債務之情形裁定開始清算程序時(例如:第五十七條、第六十二條、第六十六條、第七十五條、第七十七條等),於更生程序已進行之程序,如適於清算程序,應可繼續沿

於清算程序者，作為清算程序之一部；其更生聲請視為清算聲請。 　　前項情形，於更生程序已申報之債權，視為於清算程序已申報債權；更生程序所生之費用或履行更生方案所負之債務，視為財團費用或債務。	用，以符程序經濟之要求。又更生程序經轉換為清算程序，其已進行之程序復作為清算程序之一部，為使其後進行之程序具備清算程序開始之要件，明定其更生之聲請視為清算之聲請，俾確定撤銷詐害行為之時點。爰設第一項。 二、更生程序經轉換為清算程序時，為免重複申報債權之煩，明定於更生程序已申報之債權，視為於清算程序已申報債權。又更生程序進行中，其所生之費用及履行更生方案所生之債務，於更生程序經轉換為清算程序時，亦宜依其性質分別視為財團費用或財團債務。爰設第二項。
第八十條　更生方案經法院裁定認可確定後，債務人尚未完全履行，而經法院裁定開始清算程序時，債權人依更生條件已受清償者，其在更生前之原有債權，仍加入清算程序，並將已受清償部分加算於清算財團，以定其應受分配額。 　　前項債權人，	一、更生方案經法院裁定認可確定後，債務人尚未完全履行更生條件而經法院裁定開始清算程序時（例如：第七十五條、第七十七條），如有債權人已依更生條件受部分或全部清償，為求全體債權人於清算程序中公平受償，宜將該債權人原有債權加入清算程序，並將其已受清償部分加算於清算財團，以之計算各債權人之應受分配額，以符公平，爰設第一項。 二、債務清理自更生程序轉為清算程序後，已進行之更生程序，作為清算程序之一部，債權人如已依更生條件受部分清償，視同於清算程序受部分清償，自應俟其他債權人所受之分配與其已受清償之程度達同

應俟其他債權人所受之分配與自己已受清償之程度達同一比例後，始得再受分配。	一比例後，始得再受分配，以求公允，並保障其他債權人之權益，爰設第二項。
第三章　算	章　名
第一節　算之聲請及開始	節　名
第八十一條　債務人於法院裁定開始更生程序或許可和解或宣告破產前，得向法院聲請清算；債權人縱為　人，債務人亦得為聲請。	為使債務人得早期利用清算程序，適時重新出發，明定債務人於法院裁定開始更生程序或許可和解或宣告破產前，得向法院聲請清算。惟於此情形，僅債務人始有聲請權，以避免債權人藉聲請清算施加壓力於債務人。又為使債務人有免責重生之機會，聲請清算之門檻不宜過高，明定債權人縱然僅有一人，債務人亦得聲請清算。爰設本條。
第八十二條　債務人聲請清算時，應提出財產及收入狀況說明書及其債權人、債務人清冊。 　前項債權人清冊，應表明下列事項： 一、債權人之姓名或名稱及地址，各債權之	債務人聲請清算時，應提出財產及收入狀況說明書，及其債權人、債務人清冊等文書，俾利法院判斷是否具備清算之原因，以決定是否裁定開始清算程序，爰設第一項。並於第二項、第三項、第四項明定債務人所提債權人清冊、債務人清冊、財產及收入狀況說明書應表明之事項，俾便債務人得以遵循。又債務人所提之債權人、債務人清冊，應記載債權人、債務人之地址，如有不明，亦應表明其住居所不明之意旨，以利法院送達或通知，附此敘明。

數額、原因及種類。 二、有擔保權或優先權之財產及其權利行使後不能受滿足清償之債權數額。 　　第一項債務人清冊，應表明債務人之姓名或名稱及地址，各債務之數額、原因、種類及擔保。 　　第一項財產狀況及收入說明書，應表明下列事項，並提出證明文件： 一、財產目錄，並其性質及所在地。 二、最近五年是否從事營業活動及平均每月營業額。 三、收入及必要支出之數額、原	

因及種類。 四、依法應受債務 　　人扶養之人。	
第八十三條　法院裁定開始清算程序前，得依職權訊問債務人、債權人及其他關係人，並得定期命債務人據實報告清算聲請前二年內財產變動之狀況。 　　債務人違反前項報告義務者，法院得駁回清算之聲請。	一、法院裁定開始清算程序前，為判斷是否開始清算程序，自得訊問債務人、債權人及其他關係人，並命債務人報告其財產變動之狀況，以為裁定之參酌，爰設第一項。 二、清算程序係為保護有清理債務誠意之債務人而設，債務人違反前項報告義務，足認其欠缺進行清算之誠意，且無聲請清算之真意，自無加以保護之必要，爰設第二項，明定法院得駁回清算之聲請。
第八十四條　法院開始清算程序之裁定，應載明其年、月、日、時，並即時發生效力。 　　前項裁定，不得抗告。	一、法院裁定開始清算程序，其作成裁定之時點為何、生效之時點為何，對於利害關係人之權益影響重大，為杜爭議，裁定內自應載明法院作成裁定之時點，並即時發生效力之意旨，爰設第一項。 二、為求程序迅速進行，明定對於法院開始清算程序之裁定，不得抗告，爰設第二項。
第八十五條　其他法令關於破產人資格、權利限制之規定，於受法院裁定	清算程序係屬簡易之破產程序，其他法令所定對於破產人資格、權利限制之規定（例如：不動產估價師法、律師法、會計師法、公職人員選舉罷免法等），自適用於經法院裁定開始清

開始清算程序之債務人準用之。	算程序之債務人，爰設本條。
第八十六條　債務人之財產不敷清償清算程序之費用時，法院應裁定開始清算程序，並同時終止清算程序。 　　法院為前項裁定前，應使債權人有陳述意見之機會。 　　第一項裁定不得抗告，並應公告之。	一、債務人之財產不敷清償清算程序費用時，仍應開始清算程序，使其有依本條例取得免責而重建經濟生活之機會。惟因債務人之財產已不敷清償清算程序之費用，為免程序浪費，明定法院應同時以裁定終止清算程序，爰設第一項。 二、法院裁定開始清算程序，並同時終止清算程序後，債務人即有取得免責之機會，此影響債權人之權益甚鉅，自應使債權人有陳述意見之機會，以保障渠等之權益，爰設第二項。又法院終止清算程序後，債務人之債務並非當然免除，仍應由法院斟酌本條例有關免責之規定，例如：第一百三十四條、第一百三十五條、一百三十六條等，依職權認定之，故法院終止清算程序後，債務人雖有取得免責之機會，惟其財產不敷清償清算程序之費用如係因本條例所定不可免責之事由所致（如：浪費、賭博等），法院即非當然為免責之裁定，債務人就其所負債務仍應負清償之責，附此敘明。 三、法院裁定開始清算程序，並同時終止清算程序時，既已賦與債權人陳述意見之機會，其程序權即已獲保障，為利程序之迅速進行，明定其對於該項裁定不得抗告。

	惟該項裁定於債權人、債務人之權利義務仍有影響，自應公告之，以使利害關係人有所知悉。爰設第三項。
第八十七條　法院裁定開始清算程序後，應公告下列事項： 一、開始清算程序裁定之主文及其年、月、日、時。 二、選任管理人者，其姓名、住址及處理清算事務之地址。管理人為法人者，其名稱、法定代理人及事務所或營業所。 三、債務人之債務人及屬於清算財團之財產持有人，對於債務人不得為清償或交付其財產，並應即交	一、法院裁定開始清算程序後，應將開始清算程序裁定之主文及其時點、管理人之姓名及地址、債務人之債務人及屬於清算財團之財產持有人負交還財產及通知管理人、法院指定之人之義務、違反交還及通知義務之法律效果、申報及補報債權期間、異議期間、失權效果、債權人會議期日、處所及應議事項等事項公告，使債權人、債務人及其他利害關係人有所知悉，俾便申報債權、出席債權人會議，以利清算程序之進行，爰設第一項。 二、第一項公告有關法院酌定申報債權、補報債權及提出異議之期間、第一項公告及債權人清冊之送達、債權人清冊已記載之債權人及其債權內容之效力等，宜予明定，爰設第二項，明定第一項情形準用本條例第四十七條第二項至第四項之規定。

還或通知管理人或法院指定之人。如於申報債權之期間，無故不交還或通知者，對於清算財團因此所受之損害，應負賠償責任。 四、申報、補報債權之期間及債權人應於申報、補報期間內向管理人申報其債權；未選任管理人者，應向法院為之。其有證明文件者，並應提出之。 五、不依前款規定申報、補報債權之失權效果。 六、對於已申報、補報債權向法	

院提出異議之期間。 七、召集債權人會議者，其期日、處所及應議事項。 　第四十七條第二項至第四項之規定，於前項情形準用之。	
第八十八條　法院裁定開始清算程序時，就債務人或清算財團有關之登記，應即通知該管登記機關為清算之登記。 　管理人亦得持開始清算程序之裁定，向前項登記機關聲請為清算之登記。 　債務人因繼承、強制執行、徵收或法院之判決，於登記前已取得不動產物權者，法院	一、法院裁定開始清算程序時，就債務人或清算財團有關之登記，應通知登記機關為清算之登記，以免債務人在喪失處分權後仍任意處分，造成債權人及第三人之損害，爰設第一項。 二、管理人對於應屬清算財團之財產有管理及處分權，如其發見清算財團有關之財產須為登記而未登記者，亦應得持開始清算程序之裁定，向登記機關聲請登記，以爭取登記時效，防杜債務人脫產，爰設第二項。 三、債務人因繼承、強制執行、徵收或法院之判決，於登記前已取得不動產物權者，為便於處分，宜使法院得因管理人之聲請，通知登記機關登記為債務人所有，以利清算程序之進行，爰設第三項。

得因管理人之聲請，通知登記機關登記為債務人所有。 　　已為清算登記之清算財團財產，經管理人為返還或讓與者，法院得依其聲請，囑託該管登記機關塗銷其清算登記。	四、清算財團之財產，經依第一項規定為清算之登記者，如該項財產，由管理人依法返還或讓與應得之人或受讓人時，即係依清算程序處理完畢，該財產因聲請清算所加之限制自應予以解除，爰設第四項，明定法院得依管理人之聲請，囑託登記機關塗銷其清算登記。
第八十九條　法院裁定開始清算程序後，書記官應即於債務人關於營業上財產之帳簿記明截止帳目，簽名蓋章，並作成節略記明帳簿之狀況。	小規模營業人聲請清算時，為完全瞭解其財產狀況，於法院裁定開始清算程序後，書記官應即於債務人關於營業上財產之帳簿記明截止帳目，簽名蓋章，並作成節略記明帳簿之狀況，以求明確，爰設本條。
第九十條　債務人聲請清算後，其生活不得逾越一般人通常之程度，法院並得依利害關係人之聲請或依職權限制之。 　　債務人非經法	一、債務人及其家屬之必要生活費用，屬清算財團費用，為本條例第一百零七條所明定，為防止清算財團之財產不當減少，債務人之生活，本不宜逾越一般人通常之程度。且清算制度賦與債務人重獲新生、重建個人經濟信用之機會，無非期以清算程序教育債務人，使之了解經濟瀕臨困境多肇因於過度奢侈、浪費之生活，故於債務

院之許可，不得離開其住居地；法院並得通知入出境管理機關，限制其出境。	人聲請清算後，即應學習簡樸生活，而不得逾越一般人通常之程度，如有奢侈、浪費情事，法院即得依利害關係人之聲請或依職權限制之，期能導正視聽，使債務人、債權人及社會大眾明瞭清算制度為不得已之手段，債務人一經利用清算程序清理債務，其生活、就業、居住遷徙自由、財產管理處分權等即應受到限制，而非揮霍無度、負債累累後一勞永逸之捷徑，爰設第一項。 二、債務人聲請清算後，就法院、管理人關於財產狀況之訊問、詢問，有報告、答覆之義務，且為防止債務人隱匿或毀損財產，自宜就其居住遷徙予以限制，以利於清算程序之進行，爰明定債務人須經法院許可後，始得離開其住居地。又法院認有限制債務人出境之必要時，並得通知入出境管理機關，以達限制債務人住居之目的。爰設第二項。
第九十一條 債務人有下列情形之一者，法院得拘提之。但以有強制其到場之必要者為限。 一、受合法通知，無正當理由而不到場。	債務人聲請清算後，即應依法院之通知到場，或依法律之規定，履行其義務，配合清算程序之進行，如債務人受合法通知，無正當理由不到場，或有具體事實顯示債務人有逃匿或隱匿、毀棄、處分屬於清算財團財產之可能，或無正當理由離開其住居地，法院自得以拘提之強制手段防止之，爰設本條規定。

二、顯有逃匿之虞。 三、顯有隱匿、毀棄或處分屬於清算財團財產之虞。 四、無正當理由違反前條第二項之規定。	
第九十二條　債務人有下列情形之一，非予管收顯難進行清算程序者，法院得管收之： 一、有前條第二款、第三款或第四款之情形。 二、違反第一百零三條第一項、第一百零四條第一項之規定。 管收期間不得超過三個月。	一、為保障債務人之自由權利，法院對於債務人之管收宜慎重為之，爰設第一項，明定須債務人有逃匿，或隱匿、毀棄、處分屬於清算財團財產之虞，或違背第一百零三條第一項及第第一百零四條第一項所定之義務者，法院始得管收之，以示限制。 二、管收之期間，宜予明定，爰設第二項，明定其期間最長不得超過三個月。
第九十三條　管收之原因消滅時，應即釋放被管收人。	管收之原因事後消滅時，自不得再予管收，應即釋放被管收人，爰設本條。

第九十四條　拘提、管收除前三條規定外，準用強制執行法之規定。	為促進清算程序之進行，有關債務人之拘提、管收，除前三條之規定外，其拘票、管收票應記載事項、執行拘提、管收機關及處所等，宜有所準據，爰設本條，明定準用強制執行法規定。
第九十五條　債務人因法院裁定開始清算程序，對於應屬清算財團之財產，喪失其管理及處分權。 　　法院裁定開始清算程序後，債務人就應屬清算財團之財產所為之法律行為，非經管理人之承認，不生效力。 　　前項情形，法律行為之相對人得催告管理人於十日內確答是否承認，逾期未為確答者，視為拒絕承認。 　　債務人於法院裁定開始清算程序之日所為之法律行	一、法院裁定開始清算程序，如仍由債務人自行管理及處分其財產，難免有隱匿、毀棄、浪費財產，損害債權人權益情事，為統一處理其財產，並避免債務人恣意減少財產或增加債務，明定其就清算財團之財產喪失管理處分權，爰設第一項。 二、債務人聲請清算後，其無償行為，不生效力；有償行為逾越通常管理行為或通常營業範圍者，對於債權人不生效力，為本條例第二十三條所明定。此於債務人所為行為不利清算財團時，自足以保障債權人之權益，惟債務人之有償行為，如有利於清算財團，且已取得合理或相當之對價，對債權人即無不利，自無使之均為無效之必要，茲債務人違反本條第一項規定，於法院裁定開始清算程序後，管理處分應屬清算財團之財產，屬無權處分，爰設第二項，明定該行為為效力未定之行為，同時賦與管理人承認權，使其得因應實際狀況，斟酌債務人之行為是否利於清算財團、取得之對價是否合理相當等，以決定是否予以承認，俾保障債權人之權益。

為，推定為清算程序開始後所為。	三、為免管理人遲未確答是否承認，致該等法律行為之效力懸而未決，爰設第三項，明定法律行為之相對人，得催告管理人於十日內確答是否承認，管理人逾期未為確答者，視為拒絕承認，以保障相對人之權益。 四、債務人於法院裁定開始清算程序之日所為之法律行為，為裁定前或裁定後所為，調查困難，易生爭議，非惟涉及該法律行為之效力，更與債權人之權益有重大關係，爰設第三項，明定推定為清算程序開始後所為，以杜爭議。
第九十六條　管理人不為前條第二項之承認時，得聲請法院裁定命相對人返還所受領之給付物、塗銷其權利取得之登記或為其他回復原狀之行為。 　　對於前項裁定提起抗告，抗告法院於裁定前，應行言詞辯論。 　　前二項裁定確定時，有確定判決同一之效力。 　　相對人不依第	一、法院裁定開始清算程序後，債務人就清算財團之財產所為之法律行為，管理人得不予承認而主張無效，債務人如已將清算財團之財產交付或移轉於相對人，自應命其返還、塗銷登記或回復原狀，始能保護債權人之權益，爰設第一項，以利清算程序進行。 二、為免法律行為之相對人遲不依法院命其回復原狀之裁定履行，動輒提起訴訟加以爭執，影響清算程序之迅速進行。基此，法院就相對人應否返還所受領之給付物、塗銷其權利取得之登記或為其他回復原狀之行為等應為實體審查，必要時，並得行言詞辯論，於提起抗告後，抗告法院於裁定前，則應行言詞辯論，使各該當事人得充分就該爭執事項為事實上及法律

一項裁定履行者，法院得依管理人之聲請強制執行或囑託登記機關塗銷其權利取得之登記。但相對人提起抗告時，應停止執行。	上之陳述，並得聲明證據、提出攻擊防禦方法，及為適當完全之辯論，俾保障當事人之程序權，爰設第二項。 三、法院就相對人應否返還所受領之給付物、塗銷其權利取得之登記或為其他回復原狀之行為等既應為實體審查，於提起抗告後，抗告法院裁定前，更應行言詞辯論，於渠等程序權已為充分保障之情形下，應賦與該等裁定有確定判決同一之效力，以促進清算程序之迅速進行，爰設第三項。 四、為謀法院裁定命債務人所為行為之相對人返還所受領之給付物或其他回復原狀等，該相對人能自動遵行，爰設第四項，明定相對人不依該裁定履行者，法院得依管理人之聲請強制執行，或囑託登記機關塗銷其權利取得之登記。惟相對人對法院命其履行之裁定如已提起抗告，其應否返還所受領之給付物或為其他回復原狀之行為，即仍有爭議，為保護相對人之權益，特設但書，明定相對人提起抗告時，應停止執行。
第九十七條　債務人之債務人，於法院裁定開始清算程序後不知其事實而為清償者，得以之對	一、債務人之債務人，於法院裁定開始清算程序後不知其事實而為清償，乃出於善意所為之清償，自應加以保護，故債務人之債務人得以該清償事實對抗債權人。至債務人之債務人明知法院裁定開始清算程序

抗債權人；如知其事實而為清償者，僅得以清算財團所受之利益為限，對抗債權人。

　　前項債務人所為清償，在法院公告開始清算程序前者，推定為不知其事實；在公告後者，推定為知其事實。

之事實而仍為清償，即無特別保護之必要，僅得於清算財團所受之利益範圍內，對抗債權人。爰設第一項。

二、債務人之債務人於法院裁定開始清算程序後向債務人為清償者，依其是否知悉法院裁定開始清算程序之事實而異其效力，為明舉證責任，以利判斷，爰設第二項，以開始清算程序公告之時點，推定債務人之債務人是否知悉法院裁定開始清算程序之事實，以定其所為清償之效力。本項規定之推定是否知悉，得以反證推翻之，乃屬當然。

第九十八條　債務人之法定代理人對於債務人應負損害賠償責任者，法院得依管理人、債權人之聲請或依職權以裁定命其賠償。其因同一事由應負責任之法定代理人為二人時，應命連帶賠償。

　　前項情形，法院於裁定前應使當事人有陳述意見之機會。但應公示送

一、債務人之法定代理人對於債務人應負損害賠償責任時，為迅速追究其責任，有效保障債務人及債權人之權益，爰設第一項，明定法院得依管理人、債權人之聲請或依職權，就債務人之法定代理人有無應負賠償之事由為實體審查，並以裁定命其賠償。其因同一事由應對債務人負責任之法定代理人為二人時，應負連帶賠償責任。

二、法院以裁定命債務人之法定代理人賠償，攸關受裁定人之權益，裁定前，應使其有陳述意見之機會，爰設第二項。惟當事人應公示送達者，難以期待其為陳述，爰設但書予以除外。

三、法院命債務人法定代理人賠償之裁定，影

達者，不在此限。 　　對於第一項裁定提起抗告，抗告法院於裁定前，應行言詞辯論。 　　第一項、第三項裁定確定時，有確定判決同一之效力。	響受裁定人之權益甚鉅，宜賦與提起抗告之權以為救濟，抗告法院於裁定前，應行言詞辯論，使其得充分就應否負賠償責任之事由為事實上及法律上之陳述，並得聲明證據、提出攻擊防禦方法，及為適當完全之辯論，俾保障受裁定人之程序權，爰設第三項。 四、法院就債務人之法定代理人應否負賠償責任為裁定時既應為實體審查，提起抗告後，抗告法院裁定前，更應行言詞辯論，為免受裁定人另行提起訴訟再為爭執，致未能迅速追究債務人法定代理人之責任，有效保障債務人及債權人之權益，於受裁定人之程序權已獲充分保障之情形下，法院命債務人法定代理人賠償之裁定，宜賦與實體上之確定力，爰設第四項，明定第一項損害賠償責任經裁定確定後，與確定判決有同一之效力。
第二節　算財團之構成及管理	節　名
第九十九條　下列財產為清算財團： 一、法院裁定開始清算程序時，屬於債務人之一切財產及將來行使之財產	一、法院裁定開始清算程序時，應歸屬清算財團之債務人財產，其範圍如何？影響債務人及債權人之權益甚鉅，自宜明定。 （一）法院裁定開始清算程序時，屬於債務人之一切財產，當屬清算財團之財產。至債務人基於法院裁定開始清算程序前之原因事實所生將來可行使之財產請

請求權。

二、法院裁定開始清算程序後，程序終止或終結前，債務人因繼承或無償取得之財產。

專屬於債務人本身之權利及禁止扣押之財產，不屬於清算財團。但民法第一千零三十條之一規定之剩餘財產分配請求權，不在此限。

求權，雖其權利尚未發生，惟其發生權利之原因事實既已存在，待將來一定之行為事實實現後，權利即能發生，此類將來可行使之財產請求權，自亦應列入清算財團之財產，爰設第一項第一款。

(二) 清算財團之構成，如採膨脹主義，清算財團不易確定，影響清算財團財產之分配及清算程序之進行，並易降低債務人獲取新財產之意願，為鼓勵債務人努力重生，早日恢復經濟活動，宜兼採固定主義。而債務人於裁定開始清算程序後，清算程序終止或終結前，因繼承或無償取得之財產，並非因其付出勞力而取得，為增加清算財團之財產，明定該等所得歸入清算財團，其餘債務人新取得之財產，則不列入清算財團，以維衡平，爰設第一項第二款。

二、為維持債務人最低限度之生活，並基於人道或社會政策之考量，專屬於債務人本身之權利及禁止扣押之財產，不宜列入破產財團之範圍。又清算程序實質上為破產程序，債務人如為有配偶之自然人，且與其配偶間為法定財產者，其經法院裁定開始清算程序時，因其夫妻財產制當然改為分別財產制，債務人依民法第一千零三十條之一第一項規定對配偶有剩餘財產分配請求權，該項權利如不屬於清算財團，易

	被利用為脫產之途，顯失公平，爰設但書予以除外。
第一百條　法院於裁定開始清算程序後一個月內，得依債務人之聲請或依職權，審酌債務人之生活狀況、清算財團財產之種類及數額、債務人可預見之收入及其他情事，以裁定擴張不屬於清算財團財產之範圍。	為確保債務人重建經濟之機會，避免債務人無從維持生活，爰設本條，授權法院得審酌一切情事後，以裁定擴大自由財產之範圍。
第一百零一條　債務人之繼承，在聲請清算後開始者，對債務人僅有限定繼承之效力。其在聲請清算前二個月內開始者，債務人於聲請清算後不得拋棄繼承，並僅有限定繼承之效力。	依第九十九條第一項第二款規定，債務人因繼承取得之財產應列入清算財團，惟如被繼承人之債務超過遺產而債務人為概括繼承時，對於清算財團反為不利；如遺產超過債務而債務人拋棄繼承時，亦將使清算財團蒙受損失，為防杜上述情形，明定債務人之繼承，在聲請清算後開始者，對債務人僅有限定繼承之效力，以保障債權人之權益。另為兼顧交易安全，保障善意第三人之權益，債務人之繼承在聲請清算前開始者，如其已為概括繼承或拋棄繼承，即各自發生概括繼承或拋棄繼承之效力。如其繼承在聲請清算前二個月內開始，且其尚未為繼承之拋棄，於聲請清算後，債務人即不得拋棄

	繼承，並僅發生限定繼承之效力，以防杜對清算財團不利。爰設本條。
第一百零二條 法院裁定開始清算程序後，債務人應將屬於清算財團之財產，記載書面提出於法院及管理人。	為增加清算程序之公正性及促進其迅速性，應加強債務人之財產開示義務，爰設本條。
第一百零三條 債務人及其使用人應將與其財產有關之一切簿冊、文件及其所管有之一切財產，移交管理人或法院指定之人。但禁止扣押之財產，不在此限。 　　前項之人拒絕為移交時，法院得依聲請或依職權強制執行之。	一、為利清算程序之進行，債務人或為債務人處理財產之使用人，應負將與其財產有關之一切簿冊、文件及財產移交予管理人之義務，爰設第一項。惟為保障債務人之基本生活，禁止扣押之財產，既非屬清算財團之財產，自不在此限，爰設但書予以除外。 二、實務上常見清算人或其使用人拒絕交出應屬清算財團之財產或與該財產有關之簿冊、文件，如均須管理人起訴請求交付，勢將延滯程序之進行，爰設第二項，明定債務人及其使用人違反移交義務時，法院得依管理人之聲請或依職權強制執行之，以利適用。
第一百零四條 債務人對於管理人關於其財產、收入及業務狀況之詢問，有答覆之義務。	一、債務人對於管理人關於其財產、收入及業務狀況之詢問，應負答覆義務，俾利清算程序之進行，爰設第一項。 二、債務人之親屬、為債務人管理財產之人或其他關係人，對於債務人之財產、收入及

第十條之規定，於管理人調查債務人之財產、收入及業務狀況時準用之。但受查詢人為個人而有正當理由者，不在此限。	業務狀況知之最詳，為確實明瞭債務人之財產、收入及業務狀況，宜使上開人等負答覆之義務；又知悉債務人財產、收入及業務狀況之人，對於管理人之詢問，有答覆之義務，如無故不為答覆或為虛偽陳述者，亦宜處以罰鍰，使其有所警惕，爰設第二項，明定於管理人調查債務人之財產、收入及業務狀況時，應準用第十條關於答覆義務及處以罰鍰之規定。惟上開知悉者為個人時，倘有正當理由，不宜強其所難，爰設但書予以除外。
第一百零五條 債務人之權利屬於清算財團者，管理人應為必要之保全行為。	債務人之權利屬於清算財團者，管理人應採取各種行使權利或保全權利行為，例如：行使撤銷權、中斷時效、假扣押、假處分、提起訴訟、承受訴訟或進行其他法律程序等，以確保應屬清算財團之財產，爰設本條。
第一百零六條 管理人應將已收集及可收集之債務人資產，編造資產表，由法院公告之。 　　債權表及資產表應存置於法院及處理清算事務之處所，供利害關係人閱覽或抄錄。	一、為使清算順利，管理人除應依第三十三條製作債權表外，亦應將已收集及可收集之債務人資產，編造資產表，俾利瞭解債務人之整體財產狀況，又上開資產表應交由法院公告，以使債務人之資訊公開化、透明化，爰設第一項。另資產表係屬於債務人之積極財產，與資產負債表不同，附此敘明。 二、為使債務人之財產公開透明，管理人所製作之債權表及資產表，應存置於法院及處理清算事務之處所，俾供利害關係人閱覽或抄錄，爰設第二項。

第一百零七條　下列各款為財團費用： 一、依第七條由國庫墊付之費用。 二、因清算財團之管理、變價及分配所生之費用。 三、因債權人共同利益所需聲請及審判上之費用。 四、管理人之報酬。 五、清算財團應納之稅捐。 　　債務人及依法應受其扶養者之必要生活費及喪葬費，視為財團費用。	一、財團費用應先於清算債權，隨時由清算財團清償之，第一百零九條第一款定有明文，為臻明確，財團費用之範圍宜予明定，以保障債權人之權益。依第七條由國庫墊付之費用、因清算財團之管理、變價及分配所生之費用、因債權人共同利益所需聲請及審判上之費用、管理人之報酬、清算財團應納之稅捐等，均屬為進行清算程序及管理處分清算財團所需之費用，如不能隨時由清算財團清償，清算程序將難以進行，爰設第一項，明定該等費用為財團費用。 二、債務人及依法應受其扶養者之必要生活費及喪葬費，依其性質觀之，並非清算財團支出之共益費用，本不屬於財團費用之列，惟如不能隨時給付之，債務人及依法應受其扶養之人將無以為生，而於我國社會，其喪葬費之重要性亦不亞於生活費，爰設第二項，明定該等費用視為財團費用，以保障債務人及依法應受其扶養者之基本生活，並示矜恤。
第一百零八條　下列各款為財團債務： 一、管理人關於清算財團所為行為而生之債務。	財團債務應先於清算債權，隨時由清算財團清償之，第一百零九條第二款定有明文，為臻明確，財團債務之範圍宜予明定，以保障債權人之權益。管理人關於清算財團所為行為而生之債務、管理人為清算財團請求履行雙務契約所

二、管理人為清算財團請求履行雙務契約所生之債務，或因法院裁定開始清算程序後應履行雙務契約而生之債務。 三、為清算財團無因管理所生之債務。 四、因清算財團不當得利所生之債務。	生之債務，或因法院裁定開始清算程序後應履行雙務契約而生之債務、為清算財團無因管理所所生之債務、因清算財團不當得利所生之債務等，均屬為處理清算事務而生之債務，如不能隨時由清算財團清償，相對人恐無與管理人進行交易之意願，清算程序將難以進行，爰設本條，明定該等債務為財團債務。
第一百零九條　下列各款應先於清算債權，隨時由清算財團清償之： 一、財團費用。 二、財團債務。 三、第二十一條第一項第二款、第二十六條第二項之債務。 四、在法院裁定開始清算程序前六個月內，債	本條明定得先於清算債權，隨時自清算財團受清償之費用及債務種類。 (一) 財團費用及財團債務，係清算程序開始後，為進行清算程序及管理處分清算財團之必要而生，此類費用及債務，如不能隨時由清算財團支付，清算程序難以進行，爰設第一款、第二款。 (二) 管理人依本條例規定終止或解除債務人所訂雙務契約或行使撤銷權後，如雙方應負回復原狀義務者，管理人得逐向相對人請求返還所為給付，相對人如僅能依清算程序行使其權利，二者相較，有失公允，爰設第三款，明定第二十一條第一項第二

務人本於勞動契約所積欠之勞工工資而不能依他項方法受清償者。	款、第二十六條第二項之債務，應優先於清算債權而受清償。 (三) 本條例所稱消費者，包括從事小規模營業活動之自然人，從事小規模營業活動之雇主經裁定開始清算程序而積欠勞工工資之情形，勞工如僅能依清算序行使其權利，將不足以保障其基本生存權，爰設第四款，明定在法院裁定開始清算程序前六個月內，債務人本於勞動契約所積欠之勞工工資而不能依他項方法受清償者，亦先於清算債權而受清償，俾與勞動基準法第二十八條第一項規定相配合。又法院裁定開始清算程序後，清算財團積欠之工資，非屬本款所定債務，應為財團債務，附此說明。
第一百十條　條情形，於清算財團不足清償時，依下列順序清償之；順序相同者，按債權額比例清償之： 一、第一百零七條第一項第一款至第四款之財團費用。 二、第一百零八條第一款之財團	一、第一百零九條雖規定應先於清算債權隨時由清算財團受清償之債權種類，惟於清算財團不足清償各該費用及債務時，應如何清償之，易滋疑義，爰設本條，明定各該費用及債務受償之順序，順序相同時，則按債權額比例受償。 二、第一百零七條第一項第一款至第四款之財團費用係為進行清算程序所需之共益費用，如不能隨時受清償，清算程序即難以進行，性質上，宜最優先受償，爰設第一款，列為第一順位。第一百零八第一款之財團債務，係管理人為管理處分清算財

債務。 三、第一百零七條 　　第一項第五 　　款、第二項之 　　財團費用、第 　　一百零八條第 　　二款至第四款 　　及前條第三 　　款、第四款之 　　財團債務。	團之財產，與第三人為法律行為或其他行為而生之債務，為提高相對人與管理人交易之意願，以迅速處分清算財團之財產，促進清算程序之進行，其順位應優於清算財團應納之稅捐及其他財團債務等，爰設第二款，列為第二優先。另第一百零七條第一項第五款、第二項之財團費用、第一百零八條第二款至第四款之財團債務及第一百零九條第二款、第四款之債務等，彼此間重要性相當，均列為第三順序，爰設第三款。
第一百十一條　管理人對清算財團應負損害賠償責任者，準用第九十八條之規定。	為發揮對管理人之監督功能，確保債權人之權益，管理人對清算財團如應負賠償責任，應許法院依債權人之聲請或依職權以裁定命其賠償，爰設本條，明定管理人對清算財團應負賠償責任者，準用第九十八條之規定。
第三節　算債權及債權人會議	節　名
第一百十二條　債權之標的如非金錢，或雖為金錢而其金額不確定，或為外國貨幣者，以法院裁定開始清算程序時之估定金額為清算債權之金額；定期金債權之金額或	一、清算債權之種類繁多，為使債權人得依其債權價額及順位公平受償，於清算程序中有使不同種類之清算債權得以金額估定之必要，以確定其債權金額，俾利分配，爰設第一項。 二、依民法第三百十六條規定，附期限之債權，債權人不得請求於期限前為清償，惟清算程序進行中，債務人之全部財產權利均已構成清算財團而供所有清算債權分

存續期間不確定者，亦同。 　　附期限之清算債權未到者，於法院裁定開始清算程序時，視為已到期。 　　法院裁定開始清算程序後始到期之債權無利息者，其債權額應扣除自法院裁定開始清算程序時起至到期時止之法定利息。 　　附條件之債權，得以其全額為清算債權。	配受償，如清算債權因附期限而不得提前行使權利，則附期限之債權人將無受償之機會，有失公允，爰設第二項，明定附期限之清算債權未到期者，於法院裁定開始清算程序時，視為已到期，俾與一般清算債權為同一之處理。 三、附期限未到期之債權，如未約定利息，債權人提前受清償，勢將損害債務人之期限及利息等利益，如不扣除法院裁定開始清算程序時起至到期時止之法定利息，債權人將受有利息之不當得利，影響全體債權人之公平受償，爰設第三項，明定法院裁定開始清算程序後始到期之債權無利息者，其債權額應扣除自法院裁定開始清算程序時起至到期時止之法定利息。 四、附停止條件之債權，於清算程序進行中隨時有因條件成就而發生效力之可能，如不予其分配之機會，其債權將無受償之機會；附解除條件之債權，於法院裁定開始清算程序時，已有效成立且債權處於可行使之狀態，自應與一般債權同視，使其得為清算債權而受分配，爰設第四項，明定附條件之債權，得以其全額為清算債權。
第一百十三條　在法院裁定開始清算程序前，對於債務人之財產有質權、抵	一、對於債務人之特定財產有質權、抵押權、留置權或其他擔保物權者，其權利之行使，本居於優越之地位，得逕就其擔保物取償而滿足債權，爰設第一項，明定擔保

押權、留置權或其他擔保物權者，就其財產有別除權。 　　有別除權之債權人得不依清算程序行使其權利。但管理人於必要時，得將別除權之標的物拍賣或變賣，就其賣得價金扣除費用後清償之。	權人就其擔保物有別除權。 二、有別除權之債權人，既得逕就其擔保物取償而滿足債權，自得不依清算程序而行使其權利。惟為達清算程序簡便快速清理債務之目的，債權人對債務人之財產有擔保物權者，不論是否已屆清償期，管理人於清算必要範圍內，得將標的物拍賣或變賣，就其賣得價金扣除管理及變價等費用後予以清償，不論所擔保之債權是否獲滿足之清償，該擔保物權均因拍賣或變賣而消滅，爰明定管理人此項處分權限，以杜爭議。
第一百十四條　有別除權之債權人，得以行使別除權後未能受清償之債權，為清算債權而行使其權利。但未依清算程序申報債權者，不在此限。	有別除權之債權人行使別除權後，如有未能受清償之債權，自得以清算債權行使權利。惟其依清算程序行使權利，自應依限申報債權，如不為申報，應生失權之效果。爰設本條。
第一百十五條　不屬於債務人之財產，其權利人得不依清算程序，向管理人取回之。 　　債務人於法院裁定開始清算程序前或管理人於法院	一、法院裁定開始清算程序後，所有債權人均應受清算程序之拘束，而不得對於清算財團為個別取償行為，惟債務人實際占有管理之財產，如非屬債務人所有，自不應列為清算財團，而應由權利人取回之，爰設第一項。 二、債務人於法院裁定開始清算程序前或管理人於法院裁定開始清算程序後，將不屬

裁定開始清算程序後，將前項財產讓與第三人，而未受領對待給付者，取回權得向管理人請求讓與其對待給付請求權。 　前項情形，管理人受有對待給付者，取回權人得請求交付之。	於債務人之財產讓與第三人時，取回權之標的物已不存在，為使取回權人獲得與取回原物相同之效果，爰設第二項，明定於債務人或管理人未受領對待給付之情形，取回權人得向管理人請求讓與其對待給付請求權。 三、管理人將不屬於債務人之財產讓與第三人而受有對待給付之情形，取回權人自得本於取回權請求交付該對待給付，爰設第三項。
第一百十六條　出賣人已將買賣標的物發送，買受人尚未收到，亦未付清全價而受法院裁定開始清算程序者，出賣人得解除契約，並取回其標的物。但管理人得清償全價而請求標的物之交付。 　前項給付，於行紀人將其受託買入之標的物，發送於委託人之情形，準用之。	一、於隔地買賣之情形，買受人如於買賣標的物發送後經法院裁定開始清算程序，出賣人將受有價金損失之危險，為保障出賣人之權益，明定買受人尚未收受買賣標的物，亦未付清全價前，出賣人得解除契約。惟管理人如能付清全價，出賣人即無價金損失可言，此際，出賣人即不得解除契約，取回已發送之買賣標的物，爰設但書予以除外。 二、行紀人受委託買入標的物，於將標的物發送後，委託人尚未收到且未付清全部價金前，委託人受法院裁定開始清算程序，此際，行紀人之經濟地位與出賣人之地位相若，亦有保護其價金請求權之必要，爰設第二項，明定準用前項之規定。

第一百十七條　對於清算財團之財產有優先權之債權，先於他債權而受清償，優先權之債權有同順位者，各按其債權額之比例而受清償。	對於清算財團之財產有優先權之債權，亦為清算債權之一種，應依清算程序行使其權利，與有別除權之債權不同，惟其仍得優先於一般清算債權而受清償，爰設本條，明定其先於他債權而受清償，有同順位之優先權者，各按其債權額之比例而受清償。
第一百十八條　債權人於法院裁定開始清算程序時，對於債務人負有債務者，無論給付種類是否相同，得不依清算程序而為抵銷。 　　債權人之債權為附期限或附解除條件者，均得為抵銷。 　　附停止條件之債權，其條件於債權表公告後三十日內成就者，得為抵銷。 　　第一百二十五條之規定，於附解除條件之債權人為抵銷時，準用之。	一、債權人於法院裁定開始清算程序時，對於債務人負有債務者，為避免其債權依清算程序僅得受部分清償，而其所負債務卻應為全部清償之不公平現象，爰設第一項，明定無論給付種類是否相同，得不依清算程序而為抵銷。 二、為求清算程序之迅速進行，並保障附期限或附解除條件債權之債權人，有擴張抵銷權行使範圍之必要，爰設第二項，明定債權人之債權為附期限或附解除條件者，均得為抵銷。 三、債權人之債權附停止條件，同時對債務人負債務者，為避免其須對債務人履行全部債務，而其債權於停止條件成就後，卻僅得受部分清償，有失公平，並為避免影響程序安定，爰設第三項，明定附停止條件之債權其條件於債權表公告後三十日內成就者，得為抵銷，以資兼顧。 四、債權人之債權附解除條件而為抵銷者，日後如條件成就，管理人須向債權人請求返

第五十二條第二項之規定，於第一項至第三項之情形，準用之。	還抵銷之金額；而債權人於條件成就後，若變成無資力，將求償困難，為避免日後程序繁瑣，爰設第四項明定準用第一百二十五條之規定。 五、債權人已知有清算聲請後而對債務人負債務；債務人之債務人在清算程序開始後，對於債務人取得債權或取得他人之清算債權，或已知有清算聲請後而取得債權，如許其行使抵銷權，影響其他債權人公平受償，爰設第五項，明定準用第第五十二條第二項之規定。
第一百十九條　債權人會議得議決下列事項： 一、清算財團之管理及其財產之處分方法。 二、營業之停止或繼續。 三、不易變價之財產返還債務人或拋棄。	一、清算財團之管理與處分，原屬管理人之重要職務，管理人如何管理處分，其細節不宜由債權人會議干涉，惟管理人關於清算財團之管理處分如有不當或未能盡其善良管理人之注意義務，為確保全體債權人之利益，宜由債權人會議加以議決，以決定其管理處分方法，俾管理人有所遵循，爰設第一款。 二、債務人有營業者，其營業有無繼續之必要，涉及營業之盈虧問題，宜由債權人會議依業務狀況考量應否停止或繼續，俾保護清算財團之財產，爰設第二款。 三、為求清算程序之迅速進行，不易變價之財產究應返還債務人或拋棄，宜由債權人會議加以議決，以杜爭議，爰設第三款。

第一百二十條 管理人於債權人會議時，應提示債權表及資產表，並報告清算事務之進行狀況。	債權表及資產表之編造為管理人重要職務之一，有關清算財團之分配，均係以債權表及資產表為資料，為使全體債權人就該等資料有所知悉，並了解清算事務之進行狀況，管理人負有向債權人會議報告清算事務進行狀況及提出債權表及資產表之義務，爰設本條。
第一百二十一條 債權人會議之決議，應有出席已申報無擔保債權人過半數，而其所代表之債權額超過已申報無擔保總債權額之半數者之同意。 　　計算前項債權，應扣除劣後債權。	一、有擔保權之債權人可不依清算程序行使權利，故債權人會議為決議時，計算可決基準之債權人數應予扣除。至有優先權之債權人於清算程序中，亦屬清算債權，仍應依清算程序行使權利，此與更生程序進行中，有優先權之債權人依第六十九條之規定不受影響有別。故計算可決基準之債權人數時，應計入有優先權之債權人。另為使債權人會議易為決議，逾絕對半數之債權人同意，而其所代表之債權額超過已申報無擔保總債權額時即可，爰設第一項。又所謂得行使決議權之總債權額，除有擔保權之債權外，包括已出席及未出席債權人會議之已申報無擔保債權人所代表之債權額，附此說明。 二、劣後債權僅得就其他債權受償餘額而受清償，為促成債權人會議作成決議，不宜賦與該債權人有表決權，爰設第二項。
第一百二十二條 法院不召集債權人會議時，得以裁定代	一、清算程序在求簡便快速，故採不召開債權人會議為原則，以有別於破產程序。法院不召集債權人會議時，得以裁定取代債權

替其決議。但法院裁定前應將第一百零二條規定之書面通知債權人。 　前項裁定應公告之。	人會議之決議，以簡化清算程序。惟為保障債權人之程序權，自應適當提供債權人有關債務人財產之資訊。爰設第一項。 二、為使債務人、債權人及其他利害關係人知悉法院裁定之內容，俾聲明不服，該等裁定應公告之，爰設第二項。
第四節　算財團之分配及清算程序之終了	節　名
第一百二十三條　清算財團之財產有變價之必要者，管理人應依債權人會議之決議辦理。無決議者，得依拍賣、變賣或其他適當之方法行之。	清算財團之財產如有變價之必要，為尊重債權人之意思，管理人原則上應依債權人會議之決議辦理，於無債權人會議之決議時，宜賦與管理人依善良管理人注意義務決定財產變價方式之權限，以免延滯清算程序或損及債權人、債務人之權益，爰設本條。
第一百二十四條　自債權表公告之翌日起三十日後，清算財團之財產可分配時，管理人應即分配於債權人。 　前項分配，管理人應作成分配表，記載分配之順位、比例及方法。	一、管理人應於申報債權期限屆滿後，編造債權表，由法院公告之，為第三十三條項所明定；而依第八十七條第二項準用第四十七條第二項規定，補報債權期間，應自申報債權期間屆滿之翌日起二十日以內，異議期間，應自補報債權期間屆滿之翌日起十日以內，依此時點推斷，自債權表公告之翌日起三十日後，債權之數額、順位等已可確定，清算財團之財產如可分配，管理人應即分配於債權人，以保障債權人之權益，爰設第一項。

| 分配表，應經法院之認可，並公告之。
　　對於分配表有異議者，應自公告之翌日起十日內，向法院提出之。
　　前項異議由法院裁定之。 | 二、清算債權除一般債權外，尚有優先債權，為臻明確，管理人分配時，應作成分配表，記載分配之順位、比例及方法，爰設第二項。
三、管理人作成之分配表攸關債權人之權益，應經法院認可，並公告之，以使債權人有知悉分配表內容，以提出異議之機會，爰設第三項。
四、管理人作成之分配表影響債權人之權益甚鉅，自應賦與異議之權，以保障債權人之權益，爰設第四項。
五、債權人所申報之債權，未經異議或異議之裁定確定者，視為確定，對債務人及全體債權人有確定判決同一之效力，第三十六條第五項定有明文，依此規定，債務人及全體債權人就分配表所列債權均不得再為爭訟，是本條第四項之異議係專指對於分配表之誤寫、誤算等事項之異議，與實體權利之存否無關，無須依訴訟方式解決，爰設第五項，明定上開異議由法院裁定之。 |
| 第一百二十五條　附解除條件債權受分配時，應提供相當之擔保，無擔保者，應提存其分配額。 | 一、附解除條件債權，於裁定開始清算程序時已有效成立，且處於可行使之狀態，自應與一般債權同視，使其得為清算債權而受分配。惟附解除條件債權，於清算程序中，有因條件成就而失其效力之可能，為保障其他債權人之權益，宜命債權人提供 |

附解除條件債權之條件，自最後分配表公告之翌日起十日內尚未成就時，其已提供擔保者，免除擔保責任，返還其擔保品。	相當之擔保，無擔保者，其分配額應予提存，以確保將來得以取回該分配金額，爰設第一項。 二、附解除條件之債權雖應視其條件是否成就而決定最終能否受償，惟債權人既已提供擔保，為免條件成就與否影響債權人之權益及清算程序之終結，宜明定其標準時點，以保障該已提供擔保之債權人，爰設第二項，明定附解除條件債權之條件自最後分配表公告之翌日起十日內尚未成就時，其已提供擔保者，免除擔保責任，返還其擔保品。
第一百二十六條　附停止條件之債權或將來行使之請求權，自債權表公告之翌日起三十日內，尚不能行使者，不得加入分配。	附停止條件之債權或將來行使之請求權，其條件如遲未成就，或其一定之行為事實遲未實現，債權即不得行使之，如仍予保留，並列入分配，影響其他債權人之權益，自宜明定其標準時點，以杜爭議，爰設本條，明定該等債權自債權表公告之翌日起三十日內，尚不能行使者，不得加入分配。
第一百二十七條　關於清算債權有異議，致分配有稽延之虞時，管理人得按照分配比例提存相當之金額，而將所餘財產分配於其	一、清算債權經管理人、債務人或其他利害關係人提出異議，於裁定確定前，如致分配有稽延之虞，為保障其他債權人之權益，自宜按照分配比例提存相當之金額，而將所餘財產先行分配於其他債權人，爰設第一項。

他債權人。 　　債權人之住居所、事務所或營業所變更而未向管理人陳明者，管理人得將其應受分配金額提存之。	二、管理人實施分配時，恐因債權人住居所、事務所或營業所變更未向管理人陳明，致無從知悉其所在，而未能交付分配金額之情形，為期程序迅速進行，並保障上開債權人之權益，爰設第二項。
第一百二十八條　管理人於最後分配完結時，應即向法院提出關於分配之報告。 　　法院接到前項報告後，應即為清算程序終結之裁定。 　　前項裁定不得抗告，並應公告之。	一、清算財團之財產分配完結時，清算程序即可終結，宜課以管理人向法院提出報告之義務，俾法院為清算終結之裁定，爰設第一項。 二、清算財團之財產既經最後分配完結，清算程序即可終結，爰設第二項，明定法院接獲管理人關於分配之報告後，應即為清算程序終結之裁定。 三、為求程序迅速進行，明定對於法院終結清算程序之裁定不得抗告。惟法院終結清算程序之裁定攸關債權人、債務人及其他利害關係人等之權益，應公告周知，明定該等裁定應公告之。爰設第三項。
第一百二十九條　清算財團於最後分配表公告後，復有可分配於債權人之財產時，管理人應聲請法院許可為追加分配。但其財產於	一、清算財團之財產最後分配後，為促使管理人於發現復有可分配於債權人之財產時，繼續辦理追加分配，宜課以聲請許可追加分配之義務，爰設第一項。又本條所指之追加分配，應於支付必要費用後，尚有可分配於債權人之財產時，始得為之，乃屬當然。

清算程序終結之裁定公告之翌日起二年後始發現者，不得分配。 　　前項追加分配準用第一百二十四條之規定。	二、實施追加分配之程序應與中間分配、最後分配之程序相同，爰設第二項，明定準用第一百二十四條之規定。
第一百三十條　法院裁定開始清算程序後，如清算財團之財產不敷清償第一百零九條所定費用及債務時，法院因管理人之聲請或依職權以裁定終止清算程序。 　　法院為前項裁定前，應使管理人及債權人有陳述意見之機會。 　　第一項裁定不得抗告，並應公告之。	一、法院裁定開始清算程序後，清算財團之財產如不敷清償第一百零九條所定費用及債務，即無繼續進行無益清算程序之必要，爰設第一項，明定法院因管理人之聲請或依職權以裁定終止清算程序。 二、終止清算程序，影響債權人之權益甚鉅，有關清算財團之財產狀況，管理人知之最詳，法院以裁定終止清算程序前，自應使渠等有陳述意見之機會，爰設第二項。 三、法院於為第一項裁定前，已使管理人及債權人有陳述意見之機會，渠等之程序權業獲保障，為利於清算程序迅速進行，明定該裁定不得抗告。惟該裁定攸關債權人、債務人及其他利害關係人等之權益，應公告周知，明定該等裁定應公告之。爰設第三項。
第一百三十一條　法院裁定終止清算程序時，管理人應依第一百十條之規定	法院裁定終止清算程序時，依第一百三十條第三項之規定不得抗告，故清算程序於法院裁定終止時即告確定，茲第一百零九條所定費用及債務，於清算程序中，原應隨時由清算財團清

為清償；其有爭議部分，提存之。	償之，清算程序終止時，上開費用及債務如尚未受償，以及利害關係人對上開債權有爭議部分，宜定其處理程序，爰設本條，明定管理人應依第一百十條之規定為清償，有爭議部分並應提存之。
第一百三十二條　第八十八條之規定，於法院裁定終止或終結清算程序時準用之。	法院裁定開始清算程序時，依第八十八條規定，應通知有關機關為清算之登記；於法院裁定終止或終結清算程序時，自亦應通知前開機關為清算終止或終結之登記，爰設本條。
第五節　責及復權	節　名
第一百三十三條　法院裁定終止或終結清算程序後，除別有規定外，應以裁定免除債務人之債務。	消費者依清算程序清理債務，於程序終止或終結後，為使其在經濟上得以復甦，以保障其基本生活權利，除本條例另有不予免責之規定外，例如：第一百三十四條、第一百三十五條等，就債務人未清償之債務採免責主義，爰設本條，明定法院裁定終止或終結清算程序後，應以裁定免除其債務。
第一百三十四條　法院裁定開始清算程序後，債務人有薪資、執行業務所得或其他固定收入，而普通債權人之分配總額低於債務人聲請清算前二年間，可處分所得扣	為免債務人濫用清算程序以獲免責，並敦促有清償能力者，利用薪資、執行業務所得或其他固定收入清償債務而受免責，爰以債務人聲請清算前二年間，可處分所得扣除自己及依法應受其扶養者所必要生活費用之數額為計算基礎，以為裁定免責之依據，進而保障債權人可受最低清償。惟於普通債權人全體均同意免除債務人債務之情形，縱渠等分配總額未達上開數額，基於私法自治原則，法院自不得為不免

除自己及依法應受其扶養者所必要生活費用之數額，除債務人證明經普通債權人全體同意免責者外，法院應為不免責之裁定。	責之裁定。爰設本條。
第一百三十五條　債務人有下列各款情形之一者，法院應為不免責之裁定。但債務人證明經普通債權人全體同意者，不在此限： 一、於七年內曾依破產法或本條例規定受免責。 二、隱匿、毀損應屬清算財團之財產，或為其他不利於債權人之處分。 三、捏造債務或承認不真實之債務。 四、因浪費、賭博	一、消費者依清算程序清理債務，債權人已因之蒙受相當損失，其程序之進行應秉持公正與誠信，如債務人對於清算之原因有可歸責性，或有虛偽不實、違反誠信、違反本條例所定義務之行為，致害及債權人之權益，或影響清算程序之進行，自不宜予以免責，爰設第一項。惟債務人之普通債權人全體同意債務人得免責，基於私法自治原則，法律即無介入保護之必要，爰設但書予以除外。又所謂普通債權人，乃指除有擔保或有優先權以及劣後債權外之無擔保或無優先權之債權人，附此說明。 (一) 債務人於法院為免責與否之裁定時，七年內曾依破產法受和解之聲請或破產之宣告，或依本條例受更生或清算之免責者，嗣再經法院裁定開始清算程序，為避免債務人惡意倒債，一再利用清算程序規避清償債務，自不應予以免責，爰設第一款。 (二) 清算制度之目的，在於使各債權人獲得

或其他投機行為，致財產顯然減少或負擔過重之債務，而生開始清算之原因。

五、於清算聲請前一年內，已有清算之原因，而隱瞞其事實，使他人與之為交易致生損害。

六、明知已有清算原因之事實，非基於本人之義務，而以特別利於債權人中之一人或數人為目的，提供擔保或消滅債務。

七、隱匿、毀棄、偽造或變造帳簿或其他會計文件之全部或一部，致其財

平等之清償，避免債務人遭受多數債權人個別對其強制執行，而無法重建經濟，故債務人應本其至誠，將應屬清算財團之財產交由管理人為公平之管理及處分。債務人如有隱匿、毀損應屬清算財團之財產，或以顯不相當之對價出賣其財產等不利於債權人之處分；捏造債務或承認不真實之債務；隱匿、毀棄、偽造或變造帳簿或其他會計文件之全部或一部，致其財產之狀況不真確等行為，實係假清算之名行詐欺之實，圖自己或他人之不法利益，嚴重侵害債權人之權益，自不宜使其免責，爰設第二款、第三款、第七款。

(三) 債務人因浪費、賭博或其他投機行為，致財產顯然減少或負擔過重之債務，而生清算之原因；或明知已有清算之原因，非基於本人之義務，而以特別利於債權人中之一人或數人為目的，提供擔保或消滅債務，均顯見債務人於其經濟狀況不佳之情形下，猶恣意揮霍、投機，甚或提供擔保或消滅債務圖利特定債權人，核其所為，或於清算之原因有可歸責性，或有意增加負擔、減少清算財團之財產，均使多數債權人無端受害，自有加以制止之必要，尚不宜使之免責，爰設第四款、第六款。

產之狀況不真確。 八、故意於財產及收入狀況說明書為不實之記載，或有其他故意違反本條例所定義務之行為。	(四) 債務人於清算聲請前一年內，已有清算之原因，而隱瞞其事實，使他人與之為交易致生損害，係清算程序進行前之不誠實之行為，其於交易之際，即有藉清算程序規避債務，使交易相對人無法獲完全清償之惡意，自不宜准其免責，爰設第五款。 (五) 債務人故意於財產狀況、收入說明書為不實之記載，或有違反本條例第九條第二項到場義務、第四十一條出席及答覆義務、第八十二條第一項提出財產狀況及收入說明書及債權人、債務人清冊義務、第八十三條第一項報告義務、第九十條生活儉樸及住居限制義務、第一百零二條提出清算財團書面資料義務、第一百零三條第一項移交簿冊、文件及一切財產義務、第一百零四條第一項答覆義務、第一百三十七條第二項協力調查義務等義務，勢必影響清算程序之進行，為使債務人盡其法定義務，俾清算程序順利進行，亦不宜使債務人免責，爰設第八款。
第一百三十六條　債務人有前條各款事由，情節輕微，法院審酌普通債權人全體受償情形及其	免責制度係經濟陷於困境債務人最後之救濟手段，雖其具有不免責事由，惟法院審酌普通債權人全體受償情形及其他一切情狀後，如認免責為適當者，仍得裁量以裁定免責，以利債務人更生而重新出發，爰設本條。

他一切情狀，認為適當者，得為免責之裁定。	
第一百三十七條　前三條情形，法院於裁定前應依職權調查，或命管理人調查以書面提出報告，並使債權人、債務人有陳述意見之機會。 　　債務人對於前項調查，應協助之。	一、為迅速有效調查債務人有無免責或不免責事由、以及有無裁量免責時應審酌之事項，爰設第一項，明定法院得依職權或指揮管理人協助調查，並以書面提出報告於法院。又為使前三條之裁定適當，並保障當事人之程序權，法院於為免責裁定前，應使債權人有陳述意見之機會。反之，法院於不免責裁定前，因裁定結果對債務人不利，亦應使之有陳述意見之機會。 二、為有效且迅速為前項之調查，並確保清算程序之公正，應課以債務人協力調查之義務，爰設第二項。
第一百三十八條　免責裁定確定時，除別有規定外，對於已申報及未申報之債權人均有效力。對於債務人有求償權之共同債務人、保證人或為其提供擔保之第三人，亦同。 　　前項規定不影響債權人對於債務	一、為達到免責制度促進債務人經濟上復甦之目的，免除債務人債務之裁定確定時，除本條例別有規定外（例如：第一百三十九條），其效力應及於已申報及未申報債權之全體債權人；又為避免對於債務人有求償權之共同債務人、保證人或為其提供擔保之第三人先為清償後，轉向債務人求償，有違免責制度之意旨，故債務人之免責效力，亦應及於上述求償權人，爰設第一項。 二、免責制度僅在謀求債務人經濟上之復甦，為平衡保障債權人之權益，免責之效

人之共同債務人、保證人或為其提供擔保之第三人之權利。	力，不應影響債權人對於債務人之共同債務人、保證人或為其提供擔保之第三人之權利，爰設第二項。至債務人之保證人等依第三十一條第二項規定，得以將來求償權之總額，為清算債權而行使權利，其權益亦可獲得相當保障。
第一百三十九條　下列債務，不受免責裁定之影響： 一、罰金、罰鍰、怠金及追徵金。 二、債務人因故意或重大過失侵權行為所生損害賠償之債務。 三、稅捐債務。 四、債務人履行法定扶養義務之費用。 五、因不可歸責於債權人之事由致未申報之債權，債務人對該債權清償額未達已申報債	法院依第一百三十三條、第一百三十六條、第一百四十二條、第一百四十三條等規定為免責之裁定後，原則上債務人所有之債務即歸於消滅，縱債權人嗣後請求債務人清償，債務人亦得拒絕之，惟於特殊情形下，部分債務之性質不適宜免除，爰設本條，予以除外。 (一) 罰金、罰鍰、怠金及追徵金為國家之財產罰，性質上不宜准債務人免責；另債務人因故意或重大過失侵權行為所生損害賠償之債務，亦不宜免責，爰設第一、　　二款。又第二款規定債務人於重大過失不得免責之情形，與更生之規定相間，實乃清算制度債務人清償之總額本即較更生制度為少，債務人免責之範圍自應加以限制，復因債務人因重大過失侵害他人權利者，其與故意為之者惡性程度相當，爰將債務人因重大過失侵權行為所生損害賠償之債務，排除於免責債務之外，以處罰債務人。 (二) 繳納稅捐乃憲法所規定人民應盡之義務之一，性質上不宜免責，以免違反租

權受償比例之 　　債務。 六、由國庫墊付之 　　費用。	稅公平主義，爰設第三款。 (三) 履行法定扶養義務之費用，基於維護扶 　　養倫理，亦不宜准債務人免責，爰設第 　　四款。 (四) 免責之效力及於未申報之債權，對因不 　　可歸責之事由致未申報之清算債權 　　人，未免過苛；為平衡未申報債權之清 　　算債權人權益，其自債務人受償數額未 　　達已申報清算債權之受償比例時，債務 　　人該部分債務不宜免責，爰設第五款。 (五) 債務人無力繳納聲請清算之費用時，得 　　依第七條第一項之規定，聲請由國庫墊 　　付，以使債務人有重建經濟之機會，為 　　免增加國家財政負擔，該等債務自不宜 　　免除，爰設第六款。
第一百四十條　自法院為免責裁定確定之翌日起一年內，發見債務人有虛報債務、隱匿財產或以不正當方法受免責者，法院得依債權人之聲請或依職權裁定撤銷免責。但有第一百三十六條得為免責之情形者，不在此限。	法院為免責之裁定確定後，債務人有虛報債務、隱匿財產或以不正當方法受免責等情事已然明確時，自不宜使其免責之效力繼續存續，爰明定法院得以裁定撤銷其免責。又為使權利關係早日確定，撤銷債務人之免責以其上述事由未逾一年者為限。惟債務人虛報債務、隱匿財產或以不正當方法受免責等，如合於第一百三十六條規定之情形，法院原得依審酌情形裁量免責，於此情形，自無撤銷免責之必要，爰設但書予以除外。

第一百四十一條 法院為不免責或撤銷免責之裁定確定後，債權人得以確定之債權表為執行名義，聲請對債務人為強制執行。但依第一百三十四條不免責之情形，自裁定確定之翌日起二年內，不得為之。	法院為不免責或撤銷免責之裁定確定後，為保障債權人受償之權益，明定債權人得以確定之債權表為執行名義，聲請對債務人為強制執行。惟於債務人依第一百三十四條不免責之情形，因債務人已有固定收入，可望於清償額達於該條規定之數額後，再依第一百四十二條規定聲請法院裁定免責，為免債權人對其聲請強制執行，影響其受免責之機會，爰設但書，明定自不免責之裁定確定之翌日起二年內，債權人不得對債務人為強制執行。又依民法第一百三十七條第一項規定，時效中斷之事由終止時，時效應重行起算，本條但書之情形，因債權人於二年內不得對債務人為強制執行，其請求權無法行使，故其時效應自二年後請求權可行使時重行起算，乃屬當然。
第一百四十二條 債務人因第一百三十四條之情形，受不免責之裁定確定後，繼續清償達該條規定之數額，且各普通債權人受償額均達其應受分配額時，得聲請法院裁定免責。	為鼓勵債務人利用其薪資、執行業務所得或其他固定收入清償債務，以獲得免責，債務人縱因第一百三十四條之情形，受不免責之裁定，如其事後繼續工作並清償債務，於其清償額達於第一百三十四條所定之數額，且各普通債權人受償額均達依該數額應受分配額時，各債權人之債權已獲相當程度之保障時，自宜賦與其重建經濟之機會，爰設本條，明定此際債務人得聲請法院裁定免責。
第一百四十三條 法院為不免責或撤銷	為鼓勵債務人努力清償債務以獲得免責，法院為不免責之裁定或撤銷免責之裁定確定後，債

免責之裁定確定後，債務人繼續清償債務，而各普通債權人受償額均達其債權額之百分之二十以上者，法院得依債務人之聲請裁定免責。	務人如能繼續清償債務，使各普通債權人受償額均達其債權額之百分之二十以上者，各債權人之債權應已獲相當程度之保障，自宜賦與其重建經濟之機會，爰設本條，明定法院得依債務人之聲請，斟酌債權人受償情形等一切情狀，為免責之裁定。
第一百四十四條　於免責裁定確定後，至撤銷免責之裁定確定前對債務人取得之債權，有優先於清算債權受清償之權利。	於債務人免責之裁定確定後與之為交易行為者，每多信賴債務人已獲免責而與之發生債權債務關係，如其於免責裁定撤銷後，與回復權利之清算債權人居於平等受償之地位，有所不公，爰設本條，賦與上述債權人有優先受償之權利，以確保免責制度之實效性。又本條所列之清算債權，係指第二十八條所規定之清算債權，附此敘明。
第一百四十五條　債務人有下列各款情形之一者，得向法院為復權之聲請： 一、依清償或其他方法解免全部債務。 二、受免責之裁定確定。 三、於清算程序終止或終結之	依本條例第八十五條規定，其他法令關於破產人資格、權利限制之規定，於受法院裁定開始清算程序之債務人均準用，債務人因法院裁定開始清算程序所受公、私法上資格、權利之限制，不應終其一生，宜使其於一定要件下回復法律上之地位，爰設本條，明定債務人得聲請復權之要件，俾債務人有所遵循。

日起三年內，未因第一百四十七條或第一百四十八條之規定受刑之宣告確定。 四、自清算程序終止或終結之翌日起滿五年。	
第一百四十六條　債務人依前條第一款至第三款之規定復權，於清算程序終止或終結之翌日起五年內，因第一百四十七條或第一百四十八條之規定受刑之宣告確定者，法院應依職權撤銷復權之裁定。	債務人經法院依第一百四十五條第一款至第三款之規定許可復權後，於清算程序終止或終結之翌日起五年內，如有因第一百四十七條或第一百四十八條規定而受刑之宣告確定者，自不宜許其復權，爰設本條，明定法院應依職權撤銷復權之裁定。又復權之裁定經撤銷後，債務人因法院裁定開始清算程序所受公、私法上資格、權利之限制即應回復，其須俟清算程序終止或終結後五年，始得再依第一百四十五條第四款規定為復權之聲請，乃屬當然。
第四章　則	章　名
第一百四十七條　債務人在法院裁定開始清算程序前一年內，或在清算程序中，以損害債權為目的，而有下列各	清算制度之目的，在於使各債權人獲得平等之清償，避免債務人遭受多數債權人個別對其強制執行，而無法重建經濟，故債務人應本其至誠，將應屬清算財團之財產交由管理人為公平之管理及處分。債務人如以損害債權為目的，而於法院裁定開始清算程序前一年內，或在清

款行為之一者，處三年以下有期徒刑： 一、隱匿或毀棄其財產或為其他不利於債權人之處分。 二、捏造債務或承認不真實之債務。 三、隱匿、毀棄、偽造或變造帳簿或其他會計文件之全部或一部，致其財產之狀況不真確。	算程序中，有隱匿、毀棄應屬清算財團之財產，或以顯不相當之對價出賣其財產等不利於債權人之處分；捏造債務或承認不真實之債務；隱匿、毀棄、偽造或變造帳簿或其他會計文件之全部或致其財產之狀況不真確等行為，圖自己或他人之不法利益，嚴重侵害債權人之權益，自應加以處罰。爰設本條。
第一百四十八條　債務人聲請更生後，以損害債權為目的，而有前條所列各款行為之一者，處三年以下有期徒刑。	更生程序係減免債務人部分責任後，促其履行債務，而重建其經濟之程序，如債務人未能本其至誠，而以損害債權為目的，於更生聲請後為第一百四十七條所定之行為，圖自己或他人之不法利益情事，嚴重侵害債權人之權益，自應加以處罰，爰設本條。
第一百四十九條　監督人或管理人對於職務上之行為，要	一、監督人、管理人之地位相當於準公務員，且渠等於更生或清算程序中，責任重大，與債權人、債務人關係密切，自應公正執

求、期約或收受賄賂或其他不正利益者，處三年以下有期徒刑，得併科新臺幣二十萬元以下罰金。 　　犯前項之罪者，所收受之賄賂沒收之。如全部或一部不能沒收時，追徵其價額。	行其職務，爰設第一項，明定其對於職務上之行為，要求、期約或收受賄賂或其他不正利益之處罰規定。 二、犯第一項之罪者，不宜保有所收之賄賂，爰設第二項。
第一百五十條　監督人或管理人對於違背職務之行為，要求、期約或收受賄賂或其他不正利益者，處五年以下有期徒刑，得併科新臺幣三十萬元以下罰金。 　　對於監督人或管理人，關於違背職務之行為，行求、期約或交付賄賂或其他不正利益者，處二年以下有期徒刑，得併科新	一、監督人或管理人對於職務上之行為要求、期約或收受賄賂或其他不正利益，第一百四十九條第一項設有處罰之規定，渠等對於違背職務之行為要求、期約或收受賄賂或其他不正利益，妨害更生或清算程序之公正，且其情節較前者為甚，更應處罰，爰設第一項，並比較該條規定酌定較重刑度。 二、對於監督人或管理人關於違背職務之行為行求、期約或交付賄賂或其他不正利益，足以妨害更生或清算程序之公正，應予處罰，爰設第二項。另為鼓勵自新，規定自首者，減輕或免除其刑；自白者，得減輕其刑。 三、犯第一項之罪者，不宜保有所收受之賄賂，爰設第三項。

臺幣十萬元以下罰金。但自首者，減輕或免除其刑。在偵查中或審判中自白者，得減輕其刑。 　　犯第一項之罪者，所收受之賄賂沒收之。如全部或一部不能沒收時，追徵其價額。	
第一百五十一條　法人經選任為監督人或管理人者，其負責人、代理人、受僱人或其他職員，於執行業務時，有前二條所定之情形，除依各該條規定處罰其行為人外，對於該法人亦科以各該條規定之罰金。	法人經選任為監督人或管理人者，其實際執行職務者，多為其負責人、代理人、受僱人或其他職員，如渠等於執行業務時，有第一百四十九條、第一百五十條所定情形，除其本身應依各該條規定處罰外，對於該法人，亦科以各該條規定之罰金，以促其履行監督其負責人、代理人、受僱人或其他職員公正執行職務之義務，爰設本條，明定採行兩罰原則。
第一百五十二條　債務人對於金融機構因消費借貸、自用住宅借款、信用卡	一、債務人受法院裁定開始更生或清算程序者，其生活、資格、權利等均將受限制，該等程序係債務清理之最後手段，於債務人無法與債權人協商時，始適用更生程序

或現金卡契約而負債務，在聲請更生或清算前，應提出債權人清冊，向其中任一金融機構請求協商債務清償方案。

受前項請求之金融機構，應即通知其他債權人與債務人為債務清償之協商。

協商成立者，應以書面作成債務清償方案，由當事人簽名、蓋章或按指印；協商不成立時，應付與債務人證明書。

或清算程序清理其債務。債務人對於金融機構因消費借貸、自用住宅宅借款、信用卡或現金卡契約而負債務，其法律關係較單純明確，金融機構並已訂有債務協商機制，如能協商成立，債務人或不須依本條例聲請更生或清算，可疏減法院負擔，有效分配司法資源。為使債務人得自主解決其債務，爰設本條，明定債務人對於金融機構因消費借貸、自用住宅借款、信用卡或現金卡契約而負債務之情形，採行協商前置主義，債務人於聲請更生或清算前，應先行提出債權人清冊，向其負債務之任一金融機構請求協商債務清償方案。又債務人請求協商債務清償方案時，得就近向其負債務之任一金融機構總行或分行為之，尚不以總行為限，附此敘明。

二、為便利債務人統一清理其債務，受債務人請求協商債務清償方案之金融機構，應即通知其他債權人與債務人為債務清償方案之協商，爰設第二項。

三、債務清償方案協商成立者，攸關參與協商債權人、債務人之權益，為求慎重，債務清償方案應作成書面，並由當事人簽名、蓋章或按指印，於符合此等要式行為後，該債務清償方案始行成立。又協商不成立者，為便於債務人得據以聲請更生或清算，明定債權人應付與債務人協商不成立

	之證明書，俾其證明業經協商程序，爰設第三項。
第一百五十三條　前條第一項受請求之金融機構應於協商成立之翌日起七日內，將債務清償方案送請金融機構所在地之管轄法院審核。 　　前項債務清償方案，法院應儘速審核，認與法令無牴觸者，應以裁定予以認可；認與法令牴觸者，應以裁定不予認可。 　　前項裁定，不得抗告。 　　債務清償方案經法院裁定認可後，得為執行名義。	一、為免債務人與債權人協商成立之債務清償方案有違反法令或無法強制執行情事，債務清償方案應送請法院審核，爰設第一項，明定受協商請求之金融機構，應於協商成立之翌日起七日內，將債務清償方案送請金融機構所在地之管轄法院審核。 二、法院就協商成立之債務清償方案應儘速審核，如其內容與法令無牴觸，即應以裁定予以認可，如與法令相牴觸，則應不予認可，爰設第二項。 三、法院審核債務清償方案，僅就該等方案有違反法令或無法強制執行等情事為審核，並未變更債務人與債權人協商之實體內容，自不許渠等對於該等裁定提起抗告。況法院為不認可之裁定時，債務人仍得聲請更生或清算，債權人、債務人之權益均未受影響，亦不許渠等對於該等裁定提起抗告。爰設第三項。 四、為避免程序浪費，並提高債權人參與協商之意願，債務清償方案經法院裁定認可後，為便於債權人行使債權，宜賦與執行力，爰設第四項。
第一百五十四條　自債務人提出協商請	為免協商程序之延滯影響債務人清理債務，債權人如遲不開始協商，或債務清償方案遲未能

求之翌日起逾十日不開始協商，或自開始協商之翌日起逾三十日協商不成立，債務人得逕向法院聲請更生或清算。	協商成立，應許債務人逕向法院聲請更生或清算，以儘速清理其債務，早日重建其經濟生活，爰設本條。
第一百五十五條　法院裁定認可債務清償方案後，債務人經法院裁定開始更生或清算程序，債權人依債務清償方案未受全部清償者，仍得以其在協商前之原有債權，加入更生或清算程序。其經法院裁定開始清算程序者，應將債權人已受清償部分，加算於清算財團，以定其應受分配額。 　　前項債權人，應俟其他債權人所受清償與自己已受清償之程度達同一	一、法院裁定認可債務清償方案後，債務人尚未完全履行債務清償方案，而經法院裁定開始更生或清算程序時，為求全體債權人之公平受償，已受部分清償之債權人，仍得以其協商前之原有債權，加入更生或清算程序。其經法院裁定開始清算程序者，應將債權人已受清償部分加算於清算財團，以定其應受分配額，爰設第一項。 二、第一項之債權人如已依債務清償方案受部分清償，應視同於更生或清算程序受清償，為求公平，自應俟其他債權人所受之分配與其已受清償之程度達同一比例後，始得再受分配，以保障其他債權人之權益，爰設第二項。

比例後，始得再受清償。	
第一百五十六條 本條例施行前不能清償債務之事件，已由法院依破產法之規定開始處理者，仍依破產法所定程序終結之。	本條例施行前，不能清償債務之事件，已由法院依破產法之規定開始處理者，應依何一程序進行，宜予明定，爰設本條過渡性規定，明定該等事件仍依破產法所定程序終結之，俾利遵循。
第一百五十七條 消費者於本條例施行前受破產宣告者，得依本條例之規定，為免責或復權之聲請。	消費者於本條例施行前受破產宣告者，如其符合本條例所定免責或復權之規定時，自許其依條例之規定為免責或復權之聲請，以重建更生，爰設本條。
第一百五十八條 本條例施行細則，由司法院定之。	有關本條例施行之細則，宜授權由司法院定之，爰設本條。

第二十八章

常用民、刑法法條摘錄

壹、常用民法法條摘錄

一、時效與遲延

第 125 條（一般消滅期間）

　　請求權因 15 年間不行使而消滅。但法律所定期間較短者，依其規定。

第 126 條（五年消滅期間）

　　利息、紅利、租金、贍養費、退職金及其他 1 年或不及 1 年之定期給付債權，其各期給付請求權，因 5 年間不行使而消滅。

第 127 條（二年消滅期間）

　　左列各款請求權，因 2 年間不行使而消滅：
　　(一) 旅店、飲食店及娛樂場之住宿費、飲食費、座費、消費物之代及其墊款。
　　(二) 運送費及運送人所墊之款。

(三) 以租賃動產為營業者之租價。

(四) 醫生、藥師、看護生之診費、藥費，報酬及其墊款。

(五) 律師、會計師、公證人之報酬及其墊款。

(六) 律師、會計師、公證人所收當事人物件之交還。

(七) 技師、承攬人之報酬及其墊款。

(八) 商人、製造人、手工業人所供給之商品及產物之代價。

第 128 條（消滅時效之起算）

消滅時效，自請求權可行使時起算。以不行為為目的之請求權，自為行為時起算。

第 129 條（消滅時效之中斷）

消滅時效，因下列事由而中斷：

(一) 請求。

(二) 承認。

(三) 起訴。

下列事項，與起訴有同一效力：

(一) 依督促程序，聲請發支付命令。

(二) 聲請調解或提付仲裁。

(三) 申報和解債權或破產債權。

(四) 告知訴訟。

(五) 開始執行行為或聲請強制執行。

第 197 條（損賠請求時效）

因侵權行為所生之損害賠償請求權，自請求權人知有損害及賠償義務人時起，2 年間不行使而消滅。自有侵權行為時起，逾 10 年者亦同。損害賠償之義務人，因侵權行為受利益致被害人受損害者，於前項時效完成後，仍應依關於不當得利之規定，返還其所受之利益於被害人。

二、侵權與賠償

第 148 條（權利行使之原則）

權利之行使，不得違反公共利益，或以損害他人為主要目的。
行使權利，履行義務，應依誠實及信用方法。

第 184 條（一般侵權行為之成立）

因故意或過失，不法侵害他人之權利者，負損害賠償責任。故意以背於善良風俗之方法，加損害於他人者亦同。違反保護他人之法律，致生損害於他人者，負賠償責任。但能證明其行為無過失者，不在此限。

第 185 條（共同侵權行為之責任）

數人共同不法侵害他人之權利者，連帶負損害賠償責任；不能知其中孰為加害人者，亦同。造意人及幫助人，視為共同行為人。

第 188 條（僱用人侵權之責任）

受僱人因執行職務，不法侵害他人之權利者，由僱用人與行為人連帶負損害賠償責任。但選任受僱人及監督其職務之執行已盡相當之注意，或縱加以相當之注意而仍不免發生損害者，僱用人不負賠償責任。如被害人依前項但書之規定，不能受損害賠償時，法院因其聲請，得斟酌僱用人與被害人之經濟狀況，令僱用人為全部或一部之損害賠償。僱用人賠償損害時，對於為侵權行為之受僱人，有求償權。

第 189 條（定作人侵權之責任）

承攬人因執行承攬事項，不法侵害他人之權利者，定作人不負損害賠償責任。但定作人於定作或指示有過失者，不在此限。

第 192 條（侵害生命損害賠償）

不法侵害他人致死者，對於支出醫療及增加生活上需要之費用或殯葬費之人，亦應負損害賠償責任。被害人對於第三人負有法定扶養義務者，加害人對於該第三人亦應負損害賠償責任。

第 193 條（侵害事業損害賠償）

不法侵害他人之身體或健康者，對於被害人因此喪失或減少勞動能力或增加生活上之需要時，應負損害賠償責任。前項損害賠償，法院得因當事人之聲請，定為支付定期金。但須命加害人提出擔保。

第 195 條（侵害人格法益侵權損賠）

不法侵害他人之身體、健康、名譽、自由、信用、隱私、貞操，或不法侵害其他人格法益而情節重大者，被害人雖非財產上之損害，亦得請求賠償相當之金額。其名譽被侵害者，並得請求回復名譽之適當處分。

第 197 條（侵害人格法益侵權損賠）

因侵權行為所生之損害賠償請求權，自請求權人知有損害及賠償義務人時起，2 年間不行使而消滅。自有侵權行為時起，逾 10 年者亦同。損害賠償之義務人，因侵權行為受利益，致被害人受損害者，於前項時效完成後仍應依關於不當得利之規定，返還其所受之利益於被害人。

三、契約與解約

第 153 條（契約之成立）

當事人互相表示意思一致者，無論其為明示或默示，契約即為成立。當事人對於必要之點，意思一致，而對於非必要之點，未經表示意思者，推定其契約為成立，關於該非必要之點，當事人意思不一致時，法院應依其事件之性質定之。

第 245-1 條（締約過失責任）

契約未成立時，當事人為準備或商議訂立契約而有下列情形之一者，對於非因過失而信契約能成立致受損害之他方當事人，負賠償責任：

(一) 就訂約有重要關係之事項，對他方之詢問，惡意隱匿或為不實之說明者。

(二) 知悉或持有他方之秘密，經他方明示應予保密，而因故意或重大過失洩漏之者。

(三) 其他顯然違反誠實及信用方法者。

前項損害賠償請求權，因2年間不行使而消滅。

第 247-1 條（附合契約）

依照當事人一方預定用於同類契約之條款而訂定之契約，為左列各款之約定，按其情形顯失公平者，該部分約定無效：

(一) 免除或減輕預定契約條款之當事人之責任者。

(二) 加重他方當事人之責任者。

(三) 使他方當事人拋棄權利或限制其行使權利者。

(四) 其他於他方當事人有重大不利益者。

第 249 條（定金之效力）

定金，除當事人另有訂定外，適用左列之規定：

(一) 契約履行時，定金應返還或作為給付之一部。

(二) 契約因可歸責於付定金當事人之事由，致不能履行時，定金不得請求返還。

(三) 契約因可歸責於受定金當事人之事由，致不能履行時，該當事人應加倍返還其所受之定金。

(四) 契約因不可歸責於雙方當事人之事由，致不能履行時，定金應返還之。

第 250 條（違約之效力）

當事人得約定債務人於債務不履行時，應支付違約金。違約金，除當事人另有訂定外，視為因不履行而生損害之賠償總額。其約定如債務人不於適當時期或不依適當方法履行債務時，即須支付違約金者，債權人除得請求履行債務外，違約金視為因不於適當時期或不依適當方法履行債務所生損害之賠償總額。

第 255 條（給付遲延解約）

依契約之性質或當事人之意思表示，非於一定時期為給付不能達其契約之目的，而契約當事人之一方不按照時期給付者，他方當事人得不為前條之催告，解除其契約。

第 259 條（回復原狀）

契約解除時，當事人雙方回復原狀之義務，除法律另有規定或契約另有訂定外，依左列之規定：

(一) 由他方所受領之給付物，應返還之。

(二) 受領之給付為金錢者，應附加自受領時起之利息償還之。

(三) 受領之給付為勞務或為物之使用者，應照受領時之價額，以金錢償還之。

(四) 受領之給付物生有孳息者，應返還之。

(五) 就返還之物，已支出必要或有益之費用，得於他方受返還時所得利益之限度內，請求其返還。

(六) 應返還之物有毀損、滅失或因其他事由，致不能返還
　　者，應償還其價額。

四、租賃及轉租

第 421 條（租賃之定義）

稱租賃者，謂當事人約定，一方以物租與他方使用收益，他
方支付租金之契約。

前項租金，得以金錢或租賃物之孳息充之。

第 425 條（不破租賃原則）

出租人於租賃物交付後，承租人占有中，縱將其所有權讓與
第三人，其租賃契約，對於受讓人仍繼續存在。

前項規定，於未經公證之不動產租賃契約，其期限逾五年或
未定期限者，不適用之。

第 429 條（修繕義務）

租賃物之修繕，除契約另有訂定或另有習慣外，由出租人
負擔。

出租人為保存租賃物所為之必要行為，承租人不得拒絕。

第 430 條（修繕不履行）

租賃關係存續中，租賃物如有修繕之必要，應由出租人負擔
者，承租人得定相當期限，催告出租人修繕，如出租人於其期限

內不為修繕者，承租人得終止契約或自行修繕而請求出租人償還其費用或於租金中扣除之。

第 443 條（轉租之效力）

承租人非經出租人承諾，不得將租賃物轉租於他人。但租賃物為房屋者，除有反對之約定外，承租人得將其一部分轉租於他人。

承租人違反前項規定，將租賃物轉租於他人者，出租人得終止契約。

第 444 條（租金遲延）

承租人依前條之規定，將租賃物轉租於他人者，其與出租人間之租賃關係，仍為繼續。

因次承租人應負責之事由所生之損害，承租人負賠償責任。

第 445 條（出租留置權）

不動產之出租人，就租賃契約所生之債權，對於承租人之物置於該不動產者，有留置權。但禁止扣押之物，不在此限。

前項情形，僅於已得請求之損害賠償及本期與以前未交之租金之限度內，得就留置物取償。

五、承攬及損賠

第 490 條（承攬之定義）

稱承攬者，謂當事人約定，一方為他方完成一定之工作，他方俟工作完成，給付報酬之契約。

約定由承攬人供給材料者，其材料之價額，推定為報酬之一部。

第 492 條（瑕疵擔保責任）

承攬人完成工作，應使其具備約定之品質及無減少或滅失價值或不適於通常或約定使用之瑕疵。

第 493 條（瑕疵修補）

工作有瑕疵者，定作人得定相當期限，請求承攬人修補之。

承攬人不於前項期限內修補者，定作人得自行修補，並得向承攬人請求償還修補必要之費用。

如修補所需費用過鉅者，承攬人得拒絕修補，前項規定，不適用之。

第 495 條（損害賠償）

因可歸責於承攬人之事由，致工作發生瑕疵者，定作人除依前二條之規定，請求修補或解除契約，或請求減少報酬外，並得請求損害賠償。

前項情形，所承攬之工作為建築物或其他土地上之工作物，而其瑕疵重大致不能達使用之目的者，定作人得解除契約。

第 502 條（工作延遲）

因可歸責於承攬人之事由，致工作逾約定期限始完成，或未定期限而逾相當時期始完成者，定作人得請求減少報酬或請求賠償因遲延而生之損害。

前項情形，如以工作於特定期限完成或交付為契約之要素者，定作人得解除契約，並得請求賠償因不履行而生之損害。

貳、常用刑法法條摘錄

一、刑事責任

第 12 條（犯罪之責任要件——故意、過失）

行為非出於故意或過失者，不罰。

過失行為之處罰，以有特別規定者，為限。

第 13 條（直接故意與間接故意）

行為人對於構成犯罪之事實，明知並有意使其發生者，為故意。

行為人對於構成犯罪之事實，預見其發生而其發生並不違背其本意者，以故意論。

第 14 條（無認識之過失與有認識之過失）

行為人雖非故意，但按其情節應注意並能注意，而不注意者，為過失。

行為人對於構成犯罪之事實，雖預見其能發生而確信其不發生者，以過失論。

第 15 條（不作為犯）

對於犯罪結果之發生，法律上有防止之義務，能防止而不防止者，與因積極行為發生結果者同。

因自己行為致有發生犯罪結果之危險者，負防止其發生之義務。

第 16 條（法律之不知與減刑）

除有正當理由而無法避免者外，不得因不知法律而免除刑事責任。但按其情節，得減輕其刑。

第 18 條（未成年人、滿八十歲人之責任能力）

未滿十四歲人之行為，不罰。

十四歲以上未滿十八歲人之行為，得減輕其刑。

滿八十歲人之行為，得減輕其刑。

二、偽證與誣告罪

第 168 條（偽證罪）

於執行審判職務之公署審判時或於檢察官偵查時，證人、鑑定人、通譯於案情有重要關係之事項，供前或供後具結，而為虛偽陳述者，處七年以下有期徒刑。

第 169 條（誣告罪）

意圖他人受刑事或懲戒處分，向該管公務員誣告者，處七年以下有期徒刑。意圖他人受刑事或懲戒處分，而偽造、變造證據，或使用偽造、變造之證據者，亦同。

第 185-4 條（肇事遺棄罪）

駕駛動力交通工具肇事，致人死傷而逃逸者，處六月以上五年以下有期徒刑。

三、妨害名譽及祕密罪

第 309 條（公然侮辱罪）

公然侮辱人者，處拘役或三百元以下罰金。

以強暴犯前項之罪者，處一年以下有期徒刑、拘役或五百元以下罰金。

第 310 條（誹謗罪）

意圖散布於眾，而指摘或傳述足以毀損他人名譽之事者，為誹謗罪，處一年以下有期徒刑、拘役或五百元以下罰金。

散布文字、圖畫犯前項之罪者，處二年以下有期徒刑、拘役或一千元以下罰金。對於所誹謗之事，能證明其為真實者，不罰。但涉於私德而與公共利益無關者，不在此限。

第 315-1 條（妨害祕密罪）

有下列行為之一者，處三年以下有期徒刑、拘役或三萬元以下罰金：

(一) 無故利用工具或設備窺視、竊聽他人非公開之活動、言論、談話或身體隱私部位者。

(二) 無故以錄音、照相、錄影或電磁紀錄竊錄他人非公開之
活動、言論、談話或身體隱私部位者。

第 318-1 條（洩密之處罰）

無故洩漏因利用電腦或其他相關設備知悉或持有他人之秘密
者，處二年以下有期徒刑、拘役或五千元以下罰金。

第 318-2 條（加重其刑）

利用電腦或其相關設備犯第 316 條至第 318 條之罪者，加重
其刑至 1/2。

四、竊盜及毀棄損壞罪

第 320 條（普通竊盜罪、竊佔罪）

意圖為自己或第三人不法之所有，而竊取他人之動產者，為
竊盜罪，處五年以下有期徒刑、拘役或五百元以下罰金。

意圖為自己或第三人不法之利益，而竊佔他人之不動產者，
依前項之規定處斷。

前二項之未遂犯罰之。

第 321 條（加重竊盜罪）

犯竊盜罪而有左列情形之一者，處六月以上、五年以下有期
徒刑：

(一) 於夜間侵入住宅或有人居住之建築物、船艦或隱匿其內
而犯之者。

(二) 毀越門扇、牆垣或其他安全設備而犯之者。

(三) 攜帶兇器而犯之者。

(四) 結夥三人以上而犯之者。

(五) 乘火災、水災或其他災害之際而犯之者。

(六) 在車站或埠頭而犯之者。

前項之未遂犯罰之。

第 352 條（毀損文書罪）

毀棄、損壞他人文書或致令不堪用，足以生損害於公眾或他人者，處三年以下有期徒刑、拘役或一萬元以下罰金。

第 353 條（毀壞建築物、礦坑、船艦罪）

毀壞他人建築物、礦坑、船艦或致令不堪用者，處六月以上五年以下有期徒刑。因而致人於死者，處無期徒刑或七年以上有期徒刑，致重傷者，處三年以上十年以下有期徒刑。

第一項之未遂犯罰之。

國家圖書館出版品預行編目

債權追償及債務清償實務教範 / 王健驊作. --
一版. -- 臺北市：秀威資訊科技, 2009. 02.
　面；　公分. --（社會科學類；PF0035）
BOD 版
ISBN 978-986-221-161-8（平裝）

1.債法

584.3　　　　　　　　　　　　98001030

社會科學類　PF0035

債權追償及債務清償實務教範

作　　者 / 王健驊
發 行 人 / 宋政坤
執行編輯 / 藍志成
圖文排版 / 鄭維心
封面設計 / 莊芯媚
數位轉譯 / 徐真玉　沈裕閔
圖書銷售 / 林怡君
法律顧問 / 毛國樑　律師
出版發行 / 秀威資訊科技股份有限公司
　　　　　臺北市內湖區瑞光路 583 巷 25 號 1 樓
　　　　　電話：02-2657-9211　　　傳真：02-2657-9106
　　　　　E-mail：service@showwe.com.tw

2009 年 2 月 BOD 一版
定價：450 元

讀者回函卡

感謝您購買本書，為提升服務品質，請填妥以下資料，將讀者回函卡直接寄回或傳真本公司，收到您的寶貴意見後，我們會收藏記錄及檢討，謝謝！如您需要了解本公司最新出版書目、購書優惠或企劃活動，歡迎您上網查詢或下載相關資料：http:// www.showwe.com.tw

您購買的書名：＿＿＿＿＿＿＿＿＿＿＿＿＿＿＿＿＿＿＿＿＿＿

出生日期：＿＿＿＿＿年＿＿＿＿＿月＿＿＿＿＿日

學歷：□高中 (含) 以下　　□大專　　□研究所 (含) 以上

職業：□製造業　□金融業　□資訊業　□軍警　□傳播業　□自由業
　　　□服務業　□公務員　□教職　　□學生　□家管　　□其它＿＿

購書地點：□網路書店　□實體書店　□書展　□郵購　□贈閱　□其他

您從何得知本書的消息？

　　□網路書店　□實體書店　□網路搜尋　□電子報　□書訊　□雜誌
　　□傳播媒體　□親友推薦　□網站推薦　□部落格　□其他＿＿＿＿＿

您對本書的評價：（請填代號　1.非常滿意　2.滿意　3.尚可　4.再改進）

　　封面設計＿＿＿　版面編排＿＿＿　內容＿＿＿　文／譯筆＿＿＿　價格＿＿＿

讀完書後您覺得：

　　□很有收穫　□有收穫　□收穫不多　□沒收穫

對我們的建議：＿＿＿＿＿＿＿＿＿＿＿＿＿＿＿＿＿＿＿＿＿＿

＿＿＿＿＿＿＿＿＿＿＿＿＿＿＿＿＿＿＿＿＿＿＿＿＿＿＿＿＿＿

＿＿＿＿＿＿＿＿＿＿＿＿＿＿＿＿＿＿＿＿＿＿＿＿＿＿＿＿＿＿

＿＿＿＿＿＿＿＿＿＿＿＿＿＿＿＿＿＿＿＿＿＿＿＿＿＿＿＿＿＿

11466
台北市內湖區瑞光路 76 巷 65 號 1 樓

秀威資訊科技股份有限公司　　　收

　　　　　BOD 數位出版事業部

（請沿線對折寄回，謝謝！）

姓　　名：＿＿＿＿＿＿＿＿＿　年齡：＿＿＿＿　性別：□女　□男

郵遞區號：□□□□□

地　　址：＿＿＿＿＿＿＿＿＿＿＿＿＿＿＿＿＿＿＿＿＿＿＿＿＿

聯絡電話：(日) ＿＿＿＿＿＿＿＿＿＿＿　(夜) ＿＿＿＿＿＿＿＿＿＿

E-mail：＿＿＿＿＿＿＿＿＿＿＿＿＿＿＿＿＿＿＿＿＿＿＿＿＿